Netzwerke

Eine Organisationsform moderner Gesellschaften?

von

Stefan Dinter

Tectum Verlag
Marburg 2001

Die Deutsche Bibliothek - CIP-Einheitsaufnahme

Dinter, Stefan:
Netzwerke.
Eine Organisationsform moderner Gesellschaften?.
/ von Stefan Dinter
- Marburg : Tectum Verlag, 2001
ISBN 978-3-8288-8307-9

Tectum Verlag
Marburg 2001

Inhaltsverzeichnis

Einleitung

Teil 3: Aspekte zur Entwicklung einer 'Netzwerkgesellschaft'

Teil 4: Netzwerk-Beispiel „Initiative für Beschäftigung"

Tabellenverzeichnis

Abbildungsverzeichnis

Einleitung

Hundert Jahre eigendynamische Entwicklung haben das Auto zu einem technischen Meisterstück werden lassen, in hundert Jahren hat es der Markt jedoch nicht geschafft, ein gutes Elektroauto oder andere alternative Antriebe hervorzubringen. Eine ähnliche Bilanz kann auch die administrative Seite der Grenzwert- und Verkehrsregelkonzepte aufweisen, die als eine raffinierte Scheinlösung die Kontrolle der verheerenden Umwelteinflüsse des Individualverkehrs nur vortäuschen.[1] An solchen Beispielen lassen sich die Grenzen der Steuerung moderner Gesellschaft erahnen.

Es gibt viele Ansätze dafür, was für eine 'Postmoderne' kennzeichnend ist. Aber der Begriff 'Postmoderne' verdeutlicht schon, dass es noch keinen Konsens darüber gibt, was nach der Moderne, welche mit der westlichen industrialisierten Gesellschaft in ihrem Zenit identifiziert wird, kommen könnte, bzw. ab wann man von einer 'Postmoderne' sprechen kann. Die in dieser Arbeit verfolgte Idee einer 'Post-moderne' kennzeichnet sich durch eine Veränderung der Beziehungen zwischen Mensch, Staat, Organisation und Institutionen, welche nicht die Folge sozialen Wandels, sondern ihr Auslöser ist.

Der Ausgangspunkt für diese Idee einer 'Postmoderne' ist mit der Industriegesellschaft schon gegeben. Es geht also nicht um das Verhältnis von Arbeitern in der Industrie und im Dienstleistungsgewerbe, oder um technologische Innovationen wie die Kommunikations- und Gentechnologie, oder um das Entstehen einer Wissenschafts- und Informationsgesellschaft. Für die hier verfolgte Idee einer 'Postmoderne' braucht es grundsätzlich keine Dampfmaschine und keinen Computer, natürlich spielen die gerade angesprochenen Aspekte moderner Gesellschaften auch eine vielleicht nicht unwesentliche Rolle.

> *In der vorliegenden Arbeit wird – aus der Perspektive der vorliegenden Entwicklung westlicher Industriestaaten – der Anstoß zu sozialem Wandel[2] in der 'Rationalisierung'[3] von Kommunikation und Beziehung und nicht in der Rationalisierung von Arbeit durch Technik gesehen.*

1. Problemstellung

In dieser Arbeit geht es um den Wandel moderner Gesellschaften verbunden mit der Perspektive, dabei bestehende Steuerungsprobleme zu bewältigen. Damit werden

---

1 Vgl. WILLKE (1995); S. 6f.

2 Vgl. KLEIN (1998); S. 175.

3 Rationalisierung soll hier nicht als Einsparung verstanden werden, sondern als Optimierung und Entwicklung.

zwei in der Soziologie geführte Diskussionen aufgegriffen. Zum einen ist dies die Diskussion um die Entwicklung moderner Gesellschaften in Verbindung mit Theorien der Modernisierung. In ihr geht es darum, eine 'Logik' gesellschaftlicher Entwicklung und sozialen Wandels zu beschreiben und Impulse, Ursachen oder Anlässe für sozialen Wandel zu identifizieren. Zum anderen bezieht sich die Arbeit auf die Diskussion um die Steuerung komplexer Systeme. Der Fokus richtet sich hierbei auf das Versagen von Markt und Hierarchie als etablierte Steuerungsmedien und auf die Entwicklung möglicher Alternativen.

Die Verbindung der beiden Themen Modernisierung und Steuerung liegt in der Annahme begründet, dass die Lösung der Steuerungsprobleme von Markt und Hierarchie Modernisierungsdynamiken entfesseln werden. Der Pfad dieser Modernisierung bzw. des sozialen Wandels wird dabei durch die entwickelte Steuerungsform geprägt sein. In dieser Arbeit werden Netzwerke als mögliche Lösung der Steuerungsprobleme und eine Strukturierung der Gesellschaft durch Netzwerke als Richtung des Modernisierungspfades untersucht.

Dem Ansatz dieser Arbeit liegen damit zwei Thesen zugrunde:

- Netzwerke stellen eine Strukturform dar, welche sich möglicherweise zu einer Lösung für die Steuerungsprobleme von Markt und Hierarchie entwickeln lässt.
  - ⇒ Dies begründet sich in ihrer Eigenschaft, Wissen zu generieren und zu verarbeiten,
  - ⇒ sowie in der Eigenschaft, Akteure zu Problemlösungen im Rahmen eines Netzwerkes zu motivieren.
- Die Steuerungskompetenz von Netzwerken führt zu einer Strukturierung gesellschaftlicher Bereiche durch Netzwerke mit der langfristigen Konsequenz eines Wandels der Industriegesellschaft zu einer 'Netzwerkgesellschaft'.

Zur ersten These ist anzumerken, dass in der vorliegenden Arbeit bezüglich der Steuerungsproblematik nicht die übliche politikwissenschaftliche Perspektive eingenommen wird, welche in der Steuerung auch einen Aspekt von Machbarkeit oder bewusste Steuerung von Gesellschaft sieht oder sucht. Der Aspekt der Steuerung wird ausschließlich im Hinblick auf die Vermeidung von Kooperations- und Koordinationsdefiziten betrachtet.

Die Entwicklung von einer Industriegesellschaft zu einer 'Netzwerkgesellschaft' wird dabei aufgrund des neu strukturierten Verhältnisses der Menschen im Netzwerk zueinander und zur Umwelt als sozialer Wandel betrachtet. Hinzu kommt ein Wandel der Verhältnisse und der Identitäten von Organisationen und Institutionen in der Gesellschaft. Mit dem Wandel zu einer 'Netzwerkgesellschaft' soll nicht das Ende der

Industrialisierung verkündet werden, sondern der Beginn einer durch Netzwerke strukturierten Gesellschaft.

2. Zielsetzung

Diese Arbeit hat zum Ziel, Potenziale von Netzwerken, welche sozialen Wandel bewirken können, aufzuzeigen. Dabei soll anschaulich gemacht werden, wie der Entwicklungspfad einer Gesellschaft, die strukturellen Anforderungen einer Gesellschaft auf der Makroebene und die individuellen Anforderungen und Bedürfnisse auf der Mikroebene ineinandergreifen, und somit sozialen Wandel bedingen können.

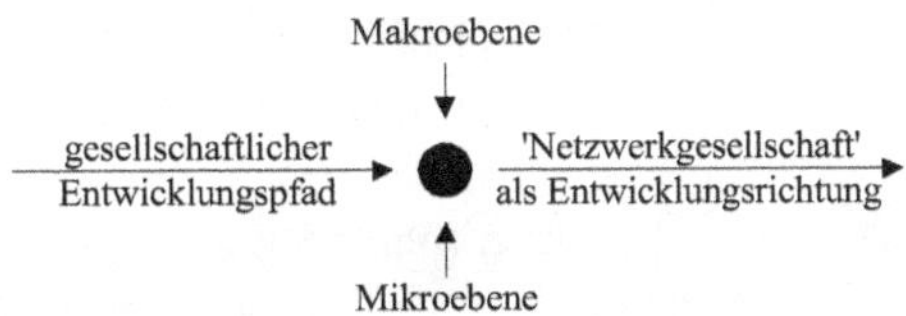

Abbildung 1: Thematischer Zusammenhang der Arbeit

Dabei soll nicht die Frage beantwortet werden, ob eine Initiierung und bewusste Steuerung der Entwicklung zu einer 'Netzwerkgesellschaft' sinnvoll, oder überhaupt für möglich erachtet wird.

3. Herangehensweise

Der erste Teil widmet sich dem Thema der Modernisierung. Zu Beginn wird auf der Metaebene Modernisierung als Theorie gesellschaftlicher Entwicklung eingeführt und ein theoretischer Rahmen aufgestellt, in welchem die Entwicklung zu einer 'Netzwerkgesellschaft' betrachtet werden kann. Hierzu wird auf die strukturfunktionalistischen Theorien von PARSONS und MAYNTZ zurückgegriffen. In einem nächsten Schritt soll aufgezeigt werden, welche grundlegenden Probleme sich in modernen Gesellschaften identifizieren lassen. Diese Probleme sollen im Weiteren als Herausforderung und Maßstab auf Netzwerke als Instrumente zur Strukturierung moderner Gesellschaften bezogen werden. (Vgl. Abbildung 1: gesellschaftlicher Entwicklungspfad).

Im zweiten Teil soll ein Einblick in die Netzwerktheorie gegeben werden. Zum einen geht es darum, das Wesen von Netzwerken und ihre grundlegenden Kennzeichen herauszuarbeiten, zum anderen soll ein bestimmter Netzwerktyp (Policy-Netzwerke) näher ausgeführt und an ihm die Funktionsweise von Netzwerken erklärt werden (Vgl. Abbildung 1: Mittelpunkt der Abbildung – die vorliegende Arbeit)

Im dritten Teil werden die vorher erarbeiteten Herausforderungen moderner Gesellschaften mit Netzwerken als Strukturform in Verbindung gebracht. In zwei Argumentationslinien sollen die Eigenschaften von Netzwerken mit ihrem Potenzial zur Entwicklung einer 'Netzwerkgesellschaft' aufgezeigt werden. Die Argumentationslinien sind zum einen die Eigenschaft von Netzwerken, Wissen zu erzeugen und zu verarbeiten (Vgl. Abbildung 1: Makroebene) und zum anderen der Rahmen, den sie dem Menschen bieten, sich einer Problembearbeitung zuzuwenden (Vgl. Abbildung 1: Mikroebene).

Im vierten Teil soll die „Initiative für Beschäftigung!" als Beispiel dienen, den oben dargestellten Ansatz einer Theorie der 'Netzwerkgesellschaft' etwas greifbarer zu machen. Das Beispiel kann allerdings nicht zur Fundierung der oben genannten These beitragen. Dennoch kann die „Initiative für Beschäftigung!" aufzeigen, dass es zumindest einen relevanten Untersuchungsgegenstand gibt. Das Beispiel soll zudem verdeutlichen, was mit einer Entwicklung ('Rationalisierung') von Verhältnissen und Identitäten von Personen, Organisationen und Institutionen gemeint ist (Vgl. Abbildung 1: Beispiel für einen durch Netzwerke Strukturierten Gesellschafsbereich).

Teil 1: Modernisierung als Theorie der Entwicklung von Gesellschaften

In diesem Teil soll herausgearbeitet werden, inwieweit mit Hilfe der Modernisierungstheorie der Weg zur Entwicklung einer 'Netzwerkgesellschaft' beschrieben werden kann. Zu diesem Zweck sollen auch Probleme oder Herausforderungen dargestellt werden, denen sich Netzwerke erfolgreich stellen müssen, um sich zu einem gesellschaftsstrukturierenden Instrument entwickeln zu können. Abschießend soll eine Ausschau nach Denkströmungen, die in eine ähnliche Richtung weisen gehalten werden.

4. Pfade der Modernisierung

In der Soziologie wird davon ausgegangen, dass Gesellschaften, sowie die in ihr lebenden Individuen, sich ständig verändern und entwickeln und somit nicht statisch sondern in Bewegung sind. „Ihre Bewegungsrichtung wird bestimmt durch das prozesshafte Ineinanderwirken von unterschiedlichen Ereignissen."[4] Mit der Vorstellung, wie diese Bewegung zustande kommt und in welche Richtung sie geht, werden verschiedene Begriffe geprägt, die die Entwicklung der Gesellschaft zu fassen versuchen.[5]

Bei der Unterscheidung von traditioneller und moderner Gesellschaft als Ergebnis gesellschaftlichen Wandels konnte jedoch kein differenzierter Begriff für Tradition oder Traditionalität geprägt werden. Die Differenzierung zwischen traditioneller und moderner Gesellschaft wurden lediglich Mittels der Reichweite autonomer Subsysteme, die eine Gesellschaft realisieren konnte, definiert.[6] Diese Ausdifferenzierung gesellschaftlicher Subsysteme wird als ein evolutive Entwicklungsprozess verstanden.

4.1 Evolution

Die Differenzierung zwischen modernen und traditionellen Gesellschaften durch den Grad der Entwicklung von gesellschaftlichen Subsystemen, hat eine evolutionäre (voranschreitende) Sichtweise von Entwicklung zur Folge. Dabei wird Entwicklung als eine Reihe von aufeinanderfolgenden Stufen begriffen, welche nach einer inneren Logik (dem evolutionären Prinzip) durchlaufen werden. Zur Identifikation dieser Stufen dienen institutionelle Merkmale. Solche Stufenmodelle der Entwicklung von Gesellschaft wurden z.B. von ROSTOW und MARX entwickelt (siehe Anhang 1). Diesen Stufenmodellen liegt eine Konvergenzthese zu Grunde. Sie betrachten die

4 KLEIN (1998); S. 164.
5 Vgl. KLEIN (1998); S. 165.
6 Vgl. EISENSTADT (1973); S. 48f.

Menschheit als Einheit, d.h. als homogen im Wesen ihrer Entwicklung.[7] Damit ist auch die Annahme geboren, dass alle industriellen Systeme (sozialistische wie kapitalistische Gesellschaften) sich am Ende auf ähnliche institutionelle Merkmale hin entwickeln werden. Die Konvergenzthese geht davon aus, dass der Vormarsch in die Modernität, zur modernen Industriegesellschaft unabwendbar ist.[8]

AUGUST COMTE, HERBERT SPENCER und KARL MARX formulierten als erste eine soziologische Theorie der gesellschaftlichen Entwicklung. Sie verstanden gesellschaftliche Entwicklung ganz im Sinne des naturwissenschaftlichen Begriffs der Evolution. Sozialer Wandel vollzieht sich zielgerichtet von niederer zu höherer Qualität, von „zusammenhangsloser Homogenität zu zusammenhängender Heterogenität".[9] Die evolutive Entwicklung geht in Richtung Selbstorganisation und Emergenz immer komplexerer Systeme. „Es scheint das Ziel der Evolution zu sein, die Komplexität der Umwelt in das Gesamtsystem universeller Ordnung aufzunehmen und sie darin zu wiederholen."[10] Aus diesem Verständnis stellt gesellschaftlicher Wandel immer einen Fortschritt, Evolution immer eine kontinuierliche Entwicklung dar.

4.1.1 Sozialer Wandel

Aus der Perspektive der Evolution wird sozialer Wandel als Transformation einer Gesellschaft von einer Stufe in eine höherliegende Stufe betrachtet. ZAPF bezeichnet diese Transformation als weitergehende Modernisierung, wobei der Fortschritt nur unter den gegebenen Umständen die relativ beste Lösung für eine bestimmte Zeit ist.[11] Erste soziologische Entwürfe sozialen Wandels verstehen die der Industrialisierung und der Aufklärung[12] als zwei Formen sozialen Wandels. LUHMANN identifiziert in seinem systemtheoretischen Modell drei evolutionäre Stufen gesellschaftlicher Systeme, das archaische, das hochkulturelle und das moderne System.[13]

Mit der Zielorientierung der Evolution verbindet sich die Vorstellung, dass ein einmal errichteter institutioneller Kern[14] in einem gesellschaftlichen Teilsystem zu ähnlichen irreversiblen strukturellen und organisationalen Entwicklungen in anderen Teilsyste-

---

7 Vgl. EISENSTADT (1973); S. 50f.

8 Vgl. FUCHS-HEINRITZ (1994); S. 370.

9 KLEIN (1998); S. 167f.

10 Mit dem 'Gesamtsystem universeller Ordnung' ist hier die Summe aller menschlich konstruierter Systeme und Teilsysteme gemeint, während die 'Umwelt' als black box, als nicht systemisch erfasst betrachtet wird. KRIEGER (1996); S. 34.

11 Vgl. ZAPF (1998b); S. 203.

12 Aufklärung als die Trennung von Staat und Gesellschaft mit dem Bewusstsein von der Machbarkeit des Staates, ausgehend von der Französischen Revolution, der bill of rights in England, der Unabhängigkeitserklärung der USA.

13 Vgl. LUHMANN (1991); S. 150ff.

14 In der Phase der Industrialisierung hat die Umstrukturierung der Arbeit (dem Arbeitsprozess sowie das Arbeitsverhältnis) als ein Teilbereich gesellschaftlicher Realität, weit in andere gesellschaftliche Teilbereiche verändernd eingewirkt.

men, und somit zu einem Prozess der sich selbst tragenden Entwicklung in eine gemeinsame Richtung führt.[15]

4.1.2 Sozialer Prozess

Der Begriff sozialer Prozess dient der Beschreibung ständiger gesellschaftlicher Vorgänge und Veränderungen, wobei damit nicht Entwicklungen gemeint sind, welche unmittelbar die Struktur verändern. Soziale Prozesse können dennoch Auslöser oder Voraussetzungen für einen umfassenden sozialen Wandel sein.

ELIAS geht bei der Bildung von Staaten und modernen Menschen von der Grundannahme aus, dass gesellschaftlicher Wandel nicht-determinierbar und nicht-planbar ist. Seine Theorie des sozialen Prozesses beruht auf der Erkenntnis, dass gesellschaftliche Organisationen weder statisch noch eine lineare zielgerichtete Entwicklung durchlaufen.[16] So stellt ELIAS einen Gegenentwurf zum Strukturfunktionalismus vor. Die Theorie der sozialen Prozesse räumt die Möglichkeit ein, dass sich sozialer Wandel von unten her entwickeln kann und nicht nur auf Strukturveränderungen von oben angewiesen ist. Daraus folgt eine neue Bedeutung von Innovation und Reform für sozialen Wandel. Innovationen können in Form neuer Güter, Produktionsmethoden und Absatzmärkte, aber auch neuer Organisationsformen und Lebensstile, die längerwährende Veränderungen auslösen, auftreten. Reformen als politisch geplante Veränderungen können im Rahmen einer als Ganzes nicht planbaren Gesellschaft ebenfalls längerwährenden Wandel zur Folge haben.[17]

Prozesse der **Rationalisierung** sind Beispiele für langfristige Prozesse, die sozialen Wandel bewirkt haben.[18] Dazu gehört die Rationalisierung menschlichen Verhaltens wie die Körperdisziplinierung, Affektkontrolle, Individualisierung oder Emanzipation der Frauen, sowie die Rationalisierung durch Mechanisierung, Automatisierung, Bürokratisierung und Differenzierung sozialer Funktionen.[19] Aufgrund des Ineinandergreifens partikularer und gesamtgesellschaftlicher Entwicklungen, haben Prozesse für die Gestalt gesellschaftlichen Wandels insofern große Bedeutung, als sie für eine Theorie des sozialen Wandels die Verbindung von mikro- und makro-soziologischer Betrachtung notwendig machen.[20]

Mit der wachsenden Erkenntnis über die Bedeutung von bestehenden Verhältnissen für die Entwicklung von Gesellschaft (auf der Mikro- bis Makroebene), rückt der Be-

---

15 Vgl. EISENSTADT (1973); S. 51.
16 Vgl. ELIAS (1970); S. 186ff.
17 Vgl. ZAPF (1998b); S. 202.
18 Vgl. BECK/GIDDENS/LASH (1996); S. 73.
19 Vgl. KLEIN (1998); S. 176.
20 Vgl. MAYNTZ (1988); S. 48; KLEIN (1998); S. 176.

griff des Systems und die Analyse seiner Funktionsweise in den Mittelpunkt soziologischen Interesses.

4.2 Strukturfunktionalistische Sichtweise

PARSONS hat mit der Theorie sozialer Systeme den Grundstein der strukturfunktionalistischen Sichtweise gelegt. Die erklärende Kraft des Strukturfunktionalismus ruht in der Annahme, dass Systeme das universale Handlungsproblem der doppelten Kontingenz lösen.[21] In dieser Annahme ist die Interaktionsbeziehung durch die wechselseitige Abhängigkeit der aufeinander beziehenden Erwartungen (Reziprozität) gekennzeichnet. Der akzeptierte oder sanktionierte gesellschaftliche und kulturelle Rahmen (Handlungssystem) stellt die Bedingungen, die notwendig sind, um wechselseitige Erwartungen aufeinander einstellen zu können. Das heißt, dass gesellschaftliche Systeme eine Bedingungen für individuelle Interaktionsbeziehungen ('soziale' Handlungsfähigkeit) sind. Die strukturfunktionalistische Theorie versucht die notwendigen gesellschaftlichen Rahmenbedingungen und die universal gültigen Evolutionsdynamiken des sozialen Wandels als Modernisierungsprozess zu analysieren.

PARSONS versteht Gesellschaften als das Produkt aus sich selbst erhaltender Teilsysteme, welche selbstregulierend ein Gleichgewichtssystem bilden. Existenznotwendigen Funktionen ordnet PARSONS bestimmte Handlungssysteme zu, welche in verschiedenen gesellschaftlichen Teil- oder Subsystemen umgesetzt werden.[22] PARSONS unterscheidet vier Handlungssysteme denen er, wie in der folgenden Tabelle entnommen werden kann, Subsysteme und Funktionen zuordnet.

Handlungssysteme	Subsysteme	existenznotwendige Funktionen
Kultur	Sozialisationsagenturen der Erziehung und Ausbildung	Institutionenerhaltung
soziales System	soziale Kontrollinstanzen	Integration
Persönlichkeitssysteme	Politik	Zielverfolgung
Verhaltensorganismen	Wirtschaft	Anpassung

Tabelle 1: PARSONS Zuordnung von Handlungssystemen, Subsystemen und existenznotwendigen Funktionen

(basiert auf Tabelle 1: PARSONS (1972) S. 13, 20)

---

21 Vgl. WEYMANN (1998); S. 86.

22 Vgl. PARSONS (1972); S. 12f, S. 20f.

⇒ Das Handlungssystem Kultur sorgt durch Wertekonsens Mittels Erziehung und Ausbildung für den Erhalt der Institutionen.

⇒ Das soziale System (die Gemeinschaft) sorgt durch Normen mit Hilfe von Kontrollinstanzen für die Integration aller am Gesamtsystem beteiligten Menschen.

⇒ Das Persönlichkeitssystem strebt über kollektive Organisationen als Mittel der Politik zur Zielverfolgung.

⇒ Das Handlungssystem der Verhaltensmechanismen eingebettet im System der Wirtschaft leistet die Anpassung der Gesellschaft an sich verändernde Anforderungen.

Die vier Subsysteme werden von PARSONS als gleichwertig nebeneinander gestellt. Der gesellschaftliche Normalzustand ist ein Ruhezustand (Gleichgewichtszustand). Durch Einflüsse aufgrund veränderter Umweltanforderungen oder interner gesellschaftlicher Spannungen, kann dieser Gleichgewichtszustand gestört werden.[23] Durch die Reaktion eines Teilsystems auf die Störungen kann sich das Gleichgewichtsgefüge zwischen den Teilsystemen verändern. Wenn es den Systemen nicht mehr gelingt, ihre Grenzen aufrechtzuerhalten, kommt es zum sozialen Wandel.[24] Wird dieser Wandel durch Wirtschaft und Politik in Richtung Gesellschaft und Kultur ausgelöst, wirkt Kultur und Gesellschaft stabilisierend, es kommt eher zu einem moderaten Wandel. Dagegen kann der Wandel von Ideen und Werten einen sehr schnellen sozialen Wandel bis hin zu revolutionären Bewegungen auslösen.[25] Festzuhalten ist, dass erst dann ein Wandel vorliegt, wenn die Veränderungen über die Systemgrenzen eines Teilsystems hinausgehen. PARSONS sieht den Kern des sozialen Wandels im Wandel der Kultur: „Wir definieren einen Wandel in der Struktur eines sozialen Systems als Wandel seiner normativen Kultur."[26]

4.2.1 Theorie sozialer Differenzierung

Die Theorie sozialer Differenzierung berührt nur einen Teil von dem, was notwendig wäre um sozialen Wandel zu erklären. Sie fügt sich jedoch nahtlos in die Theorie sozialer Systeme PARSONS ein. Sie kann dazu beitragen, die Differenzierung der Teilsysteme zu analysieren und Prozesse mit Wandel auslösendem Potenzial zu identifizieren. Die Theorie der sozialen Differenzierung ist eher auf der Mikroebene anzusiedeln, während die Theorie sozialer Systeme das Verhältnis der einzelnen Teilsysteme zueinander betrachtet und somit eher auf der Makroebene anzusiedeln ist.

---

23 Vgl. PARSONS (1972); S. 16f.
24 Vgl. PARSONS (1972); S. 40f.
25 Vgl. WEYMANN (1998); S. 88.
26 PARSONS (1969); S. 43.

Der Wesenskern der Theorie sozialer Systeme ist das **Dekompositionsparadigma**, welches die Untergliederung eines Ganzen in einzelne Teile bezeichnet.[27] Funktionale Teilsysteme sind als institutionalisierte, funktionsspezifische Handlungszusammenhänge definiert, welche Tätigkeiten beschreiben, die einer bestimmten Handlungslogik auf einer bestimmten Handlungsebene folgen.[28] Die Differenzierung eines Ganzen in einzelne funktionelle Teile impliziert einen Prozess der Systembildung, der sich je nach Differenzierungsgrad in verschiedene Stufen (Systemebenen) einteilen lässt.[29]

1. Differenzierung einzelner Handlungen, Handlungssituationen oder Interaktionen
2. Differenzierung einer speziellen Funktionsrolle, die durch kontinuierlichen Vollzug spezieller Tätigkeiten zunächst nur situativ ausgegrenzt wird.
3. Differenzierung spezialisierter größerer Gebilde, bei denen es sich oft um formale Organisationen handelt. Erst auf dieser Ebene werden Systeme von Externen als abgrenzbare Systeme wahrgenommen.

Die Abgrenzung und Wahrnehmbarkeit eines Systems durch die Gesellschaft ist eine Voraussetzung für funktionale Teilsysteme zur Durchsetzung von Ansprüchen, Zuständigkeiten, besonderer Zugangsbedingungen oder politischer Aufmerksamkeit.[30] Funktionelle Differenzierung ist für DURKHEIM ein Resultat steigenden Konkurrenzdrucks, welche endogen und exogen verändernd auf ein System wirkt.[31] Aus dieser Perspektive dient die Differenzierung zur Erschließung neuer Nischen. DURKHEIM sieht in der Differenzierung ein unbeabsichtigtes Produkt interessensgeleiteten individuellen Handelns.

Nach der Annahme von MAYNTZ hängen von den Dimensionen wie Binnenstruktur, sozialstrukturelle Festigung oder Besonderheiten der Systemgrenze gesellschaftlicher Teilsysteme, die Erzeugung gesellschaftlicher Folgeprobleme wie ihre politische Steuerbarkeit ab.[32] Im Laufe der historischen Entwicklung der heutigen Gesellschaft haben sich die neu auftretenden Teilsysteme, wie auch die bereits bestehenden, in Richtung zunehmender Leistungsbezüge entwickelt. „Die zunehmende Angewiesenheit auf die Leistung von funktionalen Teilsystemen ist ein wesentliches Merkmal moderner Gesellschaften."[33]

Die funktionelle Rolle eines Systems wird durch die Herausbildung spezieller Sinnzusammenhänge definiert und im Inneren des Systems abgebildet. Bei zunehmen-

---

27 Vgl. MAYNTZ (1988); S. 41.
28 Vgl. MAYNTZ (1988); S. 44.
29 Vgl. MAYNTZ (1988); S. 47.
30 Vgl. MAYNTZ (1988); S. 49.
31 Vgl. DURKHEIM (1977); S. 306ff.
32 Vgl. MAYNTZ (1988); S. 63.
33 IWÖ/IFOK (1997); S. 26.

der Komplexität der Umweltanforderungen nimmt auch die Komplexität der Binnenstruktur zu, Außen- und Innendifferenzierung stehen in einem engen Zusammenhang.[34] So werden die Möglichkeiten der Wahrnehmung oder Nichtwahrnehmung bestimmt. Die Differenzierung der Wahrnehmungsstruktur reduziert die Komplexität möglicher Ereignisse, somit sind eine Erhöhung der Geschwindigkeit von Kommunikations- und Entscheidungsprozessen innerhalb des Systems möglich.[35]

Von der Differenzierungstheorie ist unberücksichtigt geblieben, welcher Gebildecharakter den funktionalen Teilsystemen zukommt.[36] Nutzt man die Perspektive der Differenzierungstheorie um Strukturwandel auf seine Ursachen und Folgen zu untersuchen, ist der Gebildecharakter voneinander differenzierter Teilsysteme ausdrücklich zu berücksichtigen. „Der Gruppen- oder Gebildecharakter sozialer Untereinheiten könnte in vieler Hinsicht sogar wichtiger sein als die Eigenart des Kriteriums, durch das sie sich voneinander unterscheiden."[37] Bei steigender Innendifferenzierung stellt sich auch die Frage nach den in einem Teilsystem handelnden Akteuren, ihren Beziehungen untereinander und ihrer Beziehung zur Systemumwelt. Es kann sich als sinnvoll erweisen, die Strukturen als **Akteurskonfigurationen** zu beschreiben, denn die Art der Innendifferenzierung konditioniert strukturelle Dynamiken, aber der tatsächliche Rahmen der Möglichkeiten ergibt sich erst durch die jeweiligen Akteurskonstellationen.[38]

4.2.2 Theorie institutioneller Ökonomie

Die Theorie institutioneller Ökonomie kann die strukturfunktionalistische Sichtweise von Entwicklung der Gesellschaft um einen Aspekt ergänzen, der eine neue Perspektive von Entwicklung eröffnet. Die institutionelle Ökonomie verbindet die Perspektive der Selektion mit einer Perspektive institutioneller Kontinuität. Das hat zur Folge, dass die Differenzierung und Optimierung nicht das einzige über alles wirkende Prinzip ist. Die institutionelle Ökonomie hält fest, dass zufriedenstellende Verfahrensweisen und institutionelle Regelungen auch dann weiter fortgesetzt werden, wenn sie nur suboptimal sind. Ein Beispiel ist die, seit mehr als hundert Jahren festgelegte, Buchstabenanordnung der QWERT-Schreibmaschinentastatur. Techniker sind der Meinung, dass es effektivere Anordnungen der Buchstaben gibt, dennoch ist es mehr oder weniger undenkbar, dass sich eine neue Tastatur durchsetzen wird. Ökonomen sehen die Erklärung des Erfolges dieser suboptimalen Technik im Prinzip

---

34 Vgl. KRIEGER (1996); S. 29.

35 Vgl. LUHMANN (1990); S. 40ff.

36 Es scheint sogar charakteristisch, dass sich Teilsysteme nicht als besondere Gruppenformen beschreiben lassen. Vgl. MAYNTZ (1988); S. 48f.

37 MAYNTZ (1988); S. 48.

38 Vgl. MAYNTZ (1988); S. 50.

der Pfadabhängigkeit.[39] Dieses Prinzip der Pfadabhängigkeit kann zurückgeführt werden auf:

⇒ Leistungssteigerung durch Lernen im ständigen Gebrauch

⇒ Nutzensteigerung durch Verbreitung und Anschlussfähigkeit

⇒ Kostendegression

⇒ abnehmenden Widerstand bei risikoscheuen Anwendern

⇒ Einbettung in umfassende Systeme

Durch einen zufälligen Anfangsvorsprung führen die aufgezählten Aspekte zu einer pfadabhängigen Entwicklung, die sich nicht mit Optimierung durch Differenzierung erklären lässt. Die institutionelle Ökonomie führt dies auf zwei Kräfte zurück, die den Pfad des institutionellen Wandels bestimmen: wachsende Erträge und unvollständige Märkte mit hohen Transaktionskosten.[40] Konzepte der Pfadabhängigkeit können aufzeigen, dass sich erfolgreiche moderne Gesellschaften auf einem Weg oberflächlichen Erfolgs befinden, auf dem sie bessere Alternativen ignorieren.[41]

4.3 Zusammenfassung und Einordnung

4.3.1 Zusammenfassung

Im Mittelpunkt soziologischen Interesses steht, im Rahmen der Untersuchung von Entwicklung moderner Gesellschaften, die Analyse der Funktionsweisen gesellschaftlicher Systeme.[42] Ein Wandel wird dann eingeleitet, wenn die Funktionalität durch endogene oder exogene Störungen beeinträchtigt wird. Diese Störungen können auch von der Mikroebene, durch ineinandergreifende Prozesse ausgelöst werden. Ausschlaggebend sind hier Prozesse der Differenzierung sozialer Systeme mit der Entstehung von Teilsystemen. Um sozialen Wandel mit der Perspektive der Differenzierung erklären zu können, sieht MAYNTZ die Notwendigkeit den Gebildecharakter von Teilsystemen und deren Akteursfiguration ebenfalls zu berücksichtigen.[43]

Die institutionelle Ökonomie hat vorgeführt, dass Entwicklung immer pfadabhängig verläuft. Die Entwicklung eines Systems ist immer vom Stand und dem Pfad der Entwicklung seiner Umwelt abhängig. „Pfadabhängigkeit heißt, dass Geschichte

---

39 Vgl. ZAPF (1996); S. 70.

40 Vgl. NORTH (1990); S. 95.

41 Die Modernisierungskritik von BECK greift einen solchen Ansatz auf. Vgl. ZAPF (1996); S. 71.

42 Bei der Spezialisierung innerhalb der Soziologie auf einzelne Teilbereiche geriet die Gesamtgesellschaft, wie auch das Verhältnis von Struktur und Dynamik langfristigen sozialen Wandels aus dem Blickfeld. „Ähnlich den von jeder Störung gereinigten Laborversuchen der NaturwissenschaftlerInnen unterstellte vor allem der Strukturfunktionalismus einen gesellschaftlichen Ruhezustand." Vgl. KLEIN (1998); S. 172.

43 Vgl. MAYNTZ (1988); S. 48, 50.

wichtig ist. Wir können die heutigen Wahlhandlungen nicht verstehen, ohne die inkrementale Evolution der Institutionen zu verfolgen."[44]

4.3.2 Einordnung

Im Folgenden soll eine Einordnung des obigen theoretischen Teils vorgenommern werden. Dem liegt die Annahme zugrunde, dass die These PARSONS: Die Evolution der modernen westlichen Gesellschaft sei „von universeller Bedeutung für die Geschichte der Menschheit"[45] nicht zutreffend ist. PARSONS sieht das Hauptmuster seiner Theorie der Modernisierung sozialer Systeme durch die verschiedenen vergleichenden historischen Studien der Evolution primitiver, intermediärer und moderner Gesellschaften voll bestätigt. Die Entwicklung der westlichen Gesellschaft der Moderne gelte deshalb als universal und als zielgerichtet.[46] Auch die Beschreibung der Modernisierung von BENDIX weist eine klare westliche Orientierung auf. „Unter Modernisierung verstehe ich einen Typ des sozialen Wandels, der seinen Ursprung in der englischen Revolution von 1760-1830 und in der politischen Französischen Revolution von 1789, 1794 hat. ... Er [Modernisierungsprozess] besteht im wirtschaftlichen und politischen Fortschritt einiger Pioniergesellschaften und den darauf folgenden Wandlungsprozessen der Nachzügler."[47]

Dagegen stellt OFFE die OECD Länder als ein historisches Unikat auf einem Sonderweg der Entwicklung dar. Aufgrund des hohen Ressourcenverbrauchs, der Umweltschäden und der Tatsache, dass die OECD Länder selbst die Entwicklungsbedingungen der Nachzügler mitbestimmen, macht die Theorie der Modernisierung am Beispiel der OECD zur Theorie eines Sonderweges.[48] Auch die Entwicklung innerhalb der OECD kann noch einmal in drei Pfade unterschieden werden, in den der angelsächsischen Demokratien (USA), der korporativen konservativen Wohlfahrtsstaaten (Deutschland, Frankreich), der sozialdemokratischen Wohlfahrtstaaten (skandinavische Länder).[49]

ZAPF ordnet die OECD-Länder im globalen Zusammenhang als die Oberschicht der modernen Gesellschaften ein. Er sieht sie im Sinne der Evolutionstheorie als dominante Gesellschaften, sie sind die Vorbilder im Sinne der Diffusions- und Aufholtheorie.[50] ZAPF beschreibt die Modernisierung mit einem dreifachen zeitlichen Bezug:

- Modernisierung als säkulärer Prozess seit der industriellen Revolution, welche die OECD-Länder als moderne Gesellschaften hervorgebracht hat.

---

44 NORTH (1990); S. 100.
45 PARSONS (1972); S. 176.
46 Vgl. PARSONS (1972); S. 175ff.
47 BENDIX (1969); S. 506, 510.
48 Vgl. OFFE (1994); S. 230ff.
49 Vgl. ZAPF (1996); S. 69.
50 Vgl. ZAPF (1996); S. 72.

- Modernisierung als vielfältige Aufholprozesse der Nachzügler.
- Modernisierung als das Bemühen der modernen Gesellschaften selbst, durch Innovationen und Reformen ihre neuen Herausforderungen zu bewältigen.[51]

In diesem Zusammenhang ist auch die Diskussion, ob etwa der eigenständige ostasiatische Weg der Modernisierung dem der OECD-Länder auf langer Sicht überlegen sein wird, zu verstehen. HUNTINGTON hat die These aufgestellt, dass durch die Verbindung aus ökonomischem Erfolg und asiatischer Kultur eine Demokratie entstehe, welche einen demokratischen Machterwerb kenne, aber keinen Machtwechsel. Dies ist zurückzuführen auf die asiatische Kultur, in der die Werte wie Konsens und Stabilität höher wiegen, als Konkurrenz und Wandel.[52]

Aufgrund der hier genannten Aspekte wird in dieser Arbeit nicht von einer Theorie der Modernisierung sozialer Systeme als eine universelle Theorie der Entwicklung von Gesellschaften an sich ausgegangen. Die OECD-Länder als Vorbilder werden ohne Induktionsprobleme nicht auf andere Gesellschaften übertragbar sein, was der ostasiatische Weg der Modernisierung zeigt, oder zumindest andeutet. Der ostasiatische Weg verzichtet auf eine Institution, welche für DAHRENDORF und ZAPF ein Paradigma der Modernisierung ist, und zwar der Konkurrenzdemokratie.[53] Aber auch innerhalb der OECD-Länder werden verschiedene Modernisierungspfade beschrieben. Daraus ergibt sich für die Theorie einer durch Netzwerke strukturierten Gesellschaft das Problem, einen Bereich der Gültigkeit festzulegen. Es würde den Rahmen dieser Arbeit sprengen, die drei vorgeschlagenen Modernisierungspfade der OECD-Länder zu vergleichen. Auch eine Gleichsetzung der beiden korporativ, konservativen Wohlfahrtsstaaten wie Deutschland und Frankreich bringt Probleme mit sich, da Frankreich als zentralistisch strukturierte Demokratie und die BRD als föderalistischer Staat zu viele Unterschiede aufweisen. Aus diesen Gründen beschränkt sich der Geltungsbereich dieser Arbeit auf die BRD.

5. Herausforderung der modernen Gesellschaft

In diesem Abschnitt soll aufgezeigt werden, welche grundlegenden Probleme sich in der modernen Gesellschaft identifizieren lassen. Diese Probleme sollen im Weiteren als zu lösende Probleme auf Netzwerke als Instrumente zur Strukturierung moderner Gesellschaften bezogen werden.

---

51 Vgl. ZAPF (1996); S. 63.
52 Vgl. HUNTINGTON in ZAPF (1996); S. 73.
53 Vgl. KLEIN (1998); S. 183f.

5.1 Globalisierung

In diesem Kapitel soll es nicht darum gehen, die Globalisierung als Phänomen zu verstehen oder zu beschreiben,[54] sondern darum, die Konsequenzen aus den als Globalisierungsphänomene diskutierten Aspekten für den Staat darzustellen.

Im Rahmen der Diskussion zum Thema der Globalisierung vergleicht MESSNER vier Sichtweisen bezüglich der Zukunft des Nationalstaates. Diese Zukunftsperspektiven für die Nationalstaaten sowie für die Perspektive der Demokratie an sich, fallen sehr verschieden aus. Eine Gemeinsamkeit kann man jedoch feststellen und zwar darin, dass sich in allen Ansätzen der Handlungsspielraum der Nationalstaaten einschränken oder zumindest verlagern wird.[55] Diese veränderte Rolle des Staates kann dadurch erklärt werden, dass der Raum staatlicher Regelungskompetenz nicht mehr deckungsgleich ist mit dem globalisierten Raum der Wirtschaftsaktivitäten. Daraus folgt, dass staatliche Regelungen einen Akteur (global player) nicht auf dessen gesamtem Handlungsfeld erreichen können. [56] Nationalstaatliche Regelungseingriffe werden uneffektiv. Direktinvestitionen machen Entscheidungen vom nationalen Standort unabhängiger, dem staatlichen Zugriff (z.B. durch Steuerbehörden) können sich Akteure aufgrund der Mobilität des Kapitals leichter entziehen. Volkswirtschaften entwickeln sich immer mehr zu Dependenzen einer Weltwirtschaft.[57]

Als Folge der Auflösung der Kongruenzbedingung (wirtschaftlicher Handlungsraum gleich staatlicher Regelungsraum) geht die Voraussetzung der Steuerungsfähigkeit und Legitimation des Staates verloren.[58] HABERMAS fasst die Folgen als das **Ende des sozialstaatlichen Kompromisses** zusammen. Mit dem sozialstaatlichen Kompromiss beschreibt HABERMAS einen regulatorischen Staat, der über wachstumsstimulierende Maßnahmen auf der einen Seite, Sozialpolitik auf der anderen Seite gleichzeitig die wirtschaftliche Dynamik fördern und für soziale Integration sorgen konnte.[59] Im Rahmen einer globalisierten Wirtschaft kann der regulatorische Staat im Wettbewerb der Standorte nur auf dem Weg der Selbstbeschränkung wirtschaftliche Vorteile bewirken, das heißt, dass der sozialstaatliche Kompromiss mit dieser Strategie nicht zu erhalten ist, somit „[zerstört]...die Globalisierung der Wirtschaft [...] eine historische Konstellation, die den sozialstaatlichen Kompromiss vorübergehend ermöglicht hat.“[60]

---

54 Viele Aspekte des Themas Globalisierung sind umstritten, ob man z.B. überhaupt von einer Globalisierung sprechen kann oder nicht. Einen Überblick über die Diskussion gibt eine Sammlung von Aufsätzen, die BECK (1998) unter dem Titel „Politik der Globalisierung“ herausgegeben hat.
55 Vgl. MESSNER (1998); S. 18ff.
56 Vgl. ZÜRN (1998); S. 298, 301.
57 Vgl. HABERMAS (1998); S. 70.
58 Vgl. ZÜRN (1998); S. 298.
59 Vgl. HABERMAS (1998); S. 67.
60 HABERMAS (1998); S. 73.

Neben der Globalisierung der Wirtschaft hat auch die Entwicklung der Europäischen Union einen erheblichen strukturellen Einfluss auf die Bundesrepublik. Mit Europa entwickelt sich eine neue „Architektur von Staatlichkeit“, welche eine Integration von Akteuren und Kompetenzen auf supranationaler, nationaler und auch zunehmend regionaler/lokaler Ebenen anstrebt.[61] Durch diese Mehrebenenstruktur entsteht ein neues Komplexitätsproblem des modernen Staates, er muss seine Politik angepasst auf die verflochtene Mehrebenenstruktur formulieren und implementieren. Durch die neue „Architektur von Staatlichkeit“ soll der nationale Steuerungsverlust aufgrund zunehmender wirtschaftlicher Globalisierung in einer neuen Verteilung der Steuerungskompetenz bis auf supranationaler Ebene wieder gewonnen werden. Unabhängig von der neuen Rolle die der Nationalstaat einnehmen muss (was auch die Abgabe von Steuerungskompetenz beinhaltet), hält ZÜRN im Ergebnis einen Netto-Regelungsabbau auf nationalstaatlicher Ebene fest.[62]

„Der Weg zurück zu einer Welt der Nationen steht zumindest in den westlichen Regionen nicht mehr offen.“[63] Das heißt, dass zwei Optionen ausfallen: Protektionismus und die Rückkehr zur keynsianischen Wirtschaftssteuerung (nachfrageorientierte Wirtschaftspolitik).[64] Die sich daraus ergebenden Problemstellungen leitet ZÜRN in einem Dreisatz ab. „Globalisierung hebt die Übereinstimmung von wirtschaftlichen und politischen Räumen auf. Diese abnehmende Übereinstimmung macht nationalstaatliches Regieren ineffektiv. Die Abwesenheit von effektivem Regieren schafft soziales Zerstörungspotenzial,...“[65]

Als Konsequenz der Globalisierung kann zusammengefasst werden, dass aufgrund der fehlenden Kongruenz von Regelungsraum und Wirtschaftsraum der Nationalstaat an Steuerungsfähigkeit und Legitimität einbüßen wird, und somit der sozialstaatliche Kompromiss gefährdet ist. Aus dieser Perspektive ergibt sich das dringende Bedürfnis neue Formen der Steuerung und Legitimation zu finden oder auch zu erfinden.

5.2 Risikogesellschaft

BECK beschreibt in seiner Modernisierungstheorie den Wandel der Industriegesellschaft zur Risikogesellschaft. Dieser Übergang von der Industie- zur Risikogesellschaft erfolgt reflexionslos und automatisch. Die Risikogesellschaft ist der Ausgangspunkt für eine ‚Modernisierung der Modernisierung' oder auch reflexive Moder-

---

61 Vgl. GRANDE (1995); S. 329; BENZ (1998); S. 561ff.
62 Vgl. ZÜRN (1996); 27f.
63 ZÜRN (1998); S. 297.
64 Vgl. GIDDENS (1998); S. 44.
65 ZÜRN (1998); S. 297.

nisierung.[66] Die Risikogesellschaft beginnt an dem Punkt, wo die garantierte Sicherheit und ihre Normensysteme in bezug auf gesellschaftlich geschaffene Gefahren versagen.[67]

5.2.1 Risiko

Im Zusammenhang mit einer Theorie der Risikogesellschaft hat der Begriff des Risikos mehrere Merkmale und spricht verschiedene gesellschaftliche Aspekte an.

1. Unsicherheit und Bedrohung
Risiken an sich gibt es schon solange wie den Menschen. Modern an ihnen ist zum einen, dass ökologische, chemische oder gentechnische Gefahren u.a. durch Entscheidungen von Menschen ausgelöst werden können. Die Verantwortung liegt also beim Menschen und nicht mehr bei Göttern, Dämonen oder Naturgewalten. Hinzu kommt, dass wiederholte und bestärkte Sicherheitsversprechen öffentlich erfahrbar widerlegt werden und auf diesem Wege die Legitimation der Entscheidung zum Risiko schwindet.[68] Daraus ergibt sich eine janusköpfige Situation: „Es sind nämlich genau die Hüter von Wohlstand, Recht und Ordnung, die gleichzeitig unter Dauerverdacht und Anklage geraten, Gefahren in die Welt zu setzen und zu verharmlosen, die im Grenzfall alles Leben bedrohen."[69] Institutionen verlieren ihre Grundlage, sie werden widersprüchlich und konflikthaft und bedürfen der Auslegung und Zustimmung, sie öffnen sich für soziale Bewegung.[70]

2. Etablierte Normensysteme versagen
Hierzu zählen Mechanismen der Problembearbeitung und Sicherheit, welche in ihrer bisherigen Art nicht mehr funktionieren. Unschärfe und Unsicherheit bezüglich des Wissens über neue Risiken, Verantwortlichkeit, Freiwilligkeit, Betroffenheit und Katastrophenpotenzial führen zu Urteilen über Wahrscheinlichkeit, Schadensausmaß und Unfallszenario, welche verzerrt, inkonsistent oder fehlerhaft sind. „Auch Experten sind für solche Tendenzen anfällig, wie zahlreiche Untersuchungen erwiesen haben."[71] Das Rechtssystem kann Großgefahren nicht erfassen, damit hängt ein Vertrauensverlust der Institutionen zusammen.[72]

---

66 Vgl. BECK (1993); S. 49, 54.
67 Vgl. BECK (1993); S. 40, 54.
68 Vgl. BECK (1993); S. 41.
69 BECK (1993); S. 41.
70 Vgl. BECK (1990); S. 50.
71 JUNGERMANN/SLOVIC (1993); S. 97.
72 Vgl. ZAPF (1998b); S. 200.

3.) Kontrollierbarkeit wird generell in Frage gesellt

Hier geht es nicht um den Kontrollverlust im speziellen Fall, sondern um die generelle Unmöglichkeit mit den bestehenden Mitteln das nötige Potenzial zur Kontrolle und Beherrschung aufzubringen.[73]

4. Risikoschutz

Der fehlende private Risikoschutz ist ein Zeichen für das Eintreten in die Risikogesellschaft. Ein Indikator für die Risikogesellschaft ist „die Verweigerung des privatwirtschaftlichen Versicherungsschutzes. Und dieses greift gegenüber dem gesamten Szenario der modernen Großtechnologie."[74] Die Schatten der Risikofolgen konterkarieren die alte industrielle Ordnung. Es fällt auseinander, was die Industriegesellschaft zusammendenkt: Industrieproduktionsgesellschaft und Industriefolgengesellschaft.[75] Dabei produziert die Industrieproduktionsgesellschaft mittels Grenzwerten die Industriefolgengesellschaft selbst.[76] Grenzwerte definieren, ab wann offiziell Folgen entstehen und gerade in dieser Produktion von Grenzwerten steckt ein Teil der Unsicherheit und des Versagens etablierter Normensysteme, wie es im zweiten Punkt schon geschildert wurde. Es sind zwei verschiedene Arten von Risiken und Folgen zu unterscheiden:

⇒ Risiken, die berechenbar sind, gegen die man Vorsorge treffen kann (Versicherungsschutz), d.h., dass die Folgen kontrollierbar sind.

⇒ Risiken, die sich nicht versichern lassen, die sich nicht raum-zeitlich begrenzen und nicht mit Geld zu kompensieren sind, die ein Restrisiko von unkontrollierbaren Folgen bergen.

Der neue industrielle Konflikt ist ein „Negativ-Summenspiel kollektiver Selbstschädigung".[77] Die umkämpften Vorteile beschränken sich auf die Abwehr von Folgen, Folgendefinition und Folgenzurechnungen. Es handelt sich um einen Wegverteilungskampf von Folgen und Risiken.[78] Damit entstehen Konfliktlinien, die quer zum tradierten Rechts-Links-Schema der politischen Landschaft liegen. Die Konsequenz der Weltfolgengesellschaft beschreibt BECK darin, dass die Trennung zwischen Arm und Reich oder zwischen den Regionen der Welt von derartigen Risiken nicht mehr respektiert werden. Risiken können immer weniger auf andere abgeschoben werden, BECK nennt dies das „Ende der Anderen".[79]

---

73 Vgl. BECK (1993); S. 24.
74 Vgl. BECK (1990); S. 47.
75 Vgl. BECK/GIDDENS/LASH (1996); S. 24, Der Begriff der Industriefolgengesellschaft meint eine Gesellschaft geprägt durch die Folgen einer Industrie.
76 Vgl. BECK (1990); S. 48.
77 Vgl. BECK (1990); S. 48.
78 Vgl. BECK (1990); S. 46, 48.
79 Vgl. BECK (1983); S. 7.

Die Problematik von Risiken kann vorläufig verdrängt werden, indem einfach eine andere Sprache gewählt wird. So werden Risiken zur Grundlage von neuen Zukunftsmärkten gemacht, nicht das Auto sondern der fehlende Katalysator wird zum Blitzableiter des bürgerlichen Protestes.[80] Die Risikoproblematik führt uns die Grenzen und Möglichkeiten des Steuerns und Beeinflussens vor Augen, ursprünglich rationale Pläne enthalten auf einmal auch ihre gegenteilige Bedeutung, wie das Katalysatorbeispiel zeigt. Die Notwendigkeit, das Auto fahren zu reduzieren wird durch die Notwendigkeit mit Katalysator Auto zu fahren als rationale Lösung ersetzt. Die Ambivalenz des Katalysators besteht darin, dass er dazu beiträgt, das Konzept des privaten Autos nicht zu überdenken und Alternativen des Öffentlichen-Personen-Nahverkehrs ignoriert. Dem Aspekt der Ambivalenz kommt in der Risikogesellschaft eine neue Bedeutung zu.

5.2.2 Ambivalenz

Bauman und Beck entwickelt den Begriff Ambivalenz zu einem Schlüsselbegriff der Moderne.[81] Die Ambivalenz kann in der Form einer Zwei-Seiten-Differenz begriffen werden, wobei die eine Seite die andere immer implizit mitführt. Diese Zwei-Seiten-Differenz (z.B. wahr/-falsch) ist normalerweise durch eine Hierarchie gekennzeichnet.[82] Durch Reflexion wird diese Hierarchie aufgelöst und die andere Seite kommt zum Vorschein. Ihr Erscheinen wechselt sich ab, die beiden Seiten nehmen ein oszillierendes Verhältnis ein. Bei dem Versuch, Eindeutigkeit, Ordnung oder Bestimmung zu schaffen, werden zugleich auch Unordnung und Irrationalität oder soziale Probleme produziert. Diese Ambivalenz enthüllt sich erst mit dem „Blick auf sich selbst."[83] Das Ergebnis dieser Selbstreflexion ist das Wahrnehmen von nicht intendierten Nebenfolgen, dies ist auch der Grundansatz der Theorie der reflexiven Modernisierung von Beck.[84]

Die Auseinandersetzung mit unentscheidbaren Fragen, die mehrere gleichwertige oder gleichplausible Antworten liefern, produziert Ambivalenz. Charakteristisch an einer ambivalenten Situation ist das Oszillieren der verschiedenen Alternativen.[85] „So erwies sich beispielsweise vieles, was wir einst für vernünftig gehalten hatten, zunehmend als irrational."[86] Dieser Satz von Welsch weist auf einen Aspekt hin, der zur Handhabbarkeit von Ambivalenz beiträgt, und zwar die Zeit. Neben der Zwei-Seiten-Differenz (z.B. wahr/falsch) kann ein dritter Wert, der Aspekt der Zeit, hinzu-

---

80 Vgl. Beck (1990); S. 49.
81 Vgl. Bauman (1992); Beck (1993).
82 Vgl. Spencer-Brown in Kleve (1999)
83 Vgl. Bauman (1992); S. 358, Anm1.
84 Vgl. Beck (1986); S. 45ff; (1993); S. 49, 75ff.
85 Vgl. Bauman (1992); S. 13.
86 Vgl. Welsch (1990); S. 195.

gefügt werden.[87] Die Paradoxie wird so erträglicher: 'Was gestern noch richtig war, ist heute falsch', das Problem der Ambivalenz ist so allerdings noch nicht gelöst.

Die Problematik der Risiken ist dadurch gekennzeichnet, dass es keine eindeutigen Lösungen gibt, dass mögliche Lösungen prinzipiell ambivalent sind. Das heißt, dass die lineare Steigerung der Rationalität an ihre Grenzen gerät,[88] und es stellt sich die Frage, wie mit der Ungewissheit und Unkontrollierbarkeit als Ergebnis, eben dieses Rationalisierungsprozesses, umgangen werden soll. Die Steigerung der Kontrollabsicht kehrt diese in ihr Gegenteil um. Die Rückkehr von Ungewissheit und Unkontrollierbarkeit lassen sich nicht als Ordnungsfragen fassen, da sich Organisationsformen, ethische und rechtliche Prinzipien wie Verantwortung, Schuld- und Verursacherprinzipien oder auch politische Mehrheitsverfahren nicht zur Legitimation von Ungewissheit und Unkontrollierbarkeit eignen.[89] Leben und Handeln in Ungewissheit wird eine Grunderfahrung.[90] Postmoderne bedeutet leben mit Ambivalenz.[91]

5.2.3 Individualisierung

GIDDENS betont, dass Individualisierung nicht mit Egoismus zu erklären ist. Der Ausgangspunkt der Individualisierung liegt viel mehr darin, dass der Bezug auf Traditionen für unser Leben eine abnehmende Bedeutung hat.[92] Werte werden nicht mehr an traditionellen Formen von Autorität angeknüpft, ein sogenanntes 'Letztes Wort' hat nur noch schwindend Akzeptanz. Dies lässt sich auch auf den ambivalenten Charakter von Institutionen zurückführen.[93]

Mit zurückgehender Bedeutung und Ansehen von repetetiven Arbeiten, da diese prinzipiell auch automatisiert werden können, spielt ein Profil differenzierter fachlicher Kompetenzen wie auch der Persönlichkeit eine immer größere Rolle.[94] Mit der schwindenden Bedeutung von Tradition und den erhöhten Anforderungen an die Persönlichkeit von Individuen ändern sich auf der anderen Seite auch deren Erwartungen an demokratische Strukturen. „Die neue Individualisierung geht mit der Forderung nach mehr Demokratisierung einher.“[95]

Die Annahme, dass die moderne Gesellschaft die Funktionsweise der Welt erkannt, Geheimnisse gelüftet, die Welt als erschlossen betrachtet, ist bezogen auf die Erfah-

---

87 Vgl. SPENCER-BROWN in KLEVE (1999)
88 Vgl. BECK (1993); S. 45, 47.
89 Vgl. BECK (1993); S. 48f.
90 Vgl. BECK (1993); S. 53.
91 Vgl. BAUMAN (1992); S. 281.
92 Vgl. GIDDENS (1998); S. 48f.
93 Vgl. BECK (1990); S. 49.
94 Vgl. JÄGER (1993); S. 107f; RIFKIN (1997a); S. 85ff; (1997b); S. 236.
95 Vgl. GIDDENS (1998); S. 50.

rung der einzelnen Personen (ob Laie oder Experte) nicht zutreffend.[96] Der Mangel an Kontrolle, welcher im eigenen lebensweltlichen Zusammenhang erfahren wird, ist durchaus real. Komplexität und Ambivalenz der Zusammenhänge zersetzen die eigene Entscheidungsfähigkeit. So bewirkt die Risikoproblematik, die mit ihr verbundene Ambivalenz und der Verlust an Glaubwürdigkeit gesellschaftlicher Institutionen, ein neues Gefühl von Fortuna, welches einer Einstellung vormoderner Gesellschaften ähnelt.[97] Ein Gefühl der Schicksalhaftigkeit, welches auf weit abliegende, der eigenen Kontrolle entzogen, einflussreiche Ereignisse gründet, befreit das Individuum von der Last der Auseinandersetzung mit einer existentiellen Situation.[98]

5.2.4 Reflexive Modernisierung und die Rolle von Insitutionen

Den Schlüssel zur Problematik der Umweltzerstörung sieht BECK in den historisch fragwürdig werdenden Regelungssystemen der Institutionen. „Die ökologische Krise raubt den Institutionen die Basis ihrer Verselbständigung."[99] Alles ist potenziell ambivalent und muss neu interpretiert werden. Die ökologische Krise, als Freisetzungsprozess, entfesselt die Institutionen von ihrer inneren und bürokratischen Rollenstarrheit.

Die Herausforderung moderner Gesellschaften sieht BECK in der Gefahr, dass Handlungs- und Entscheidungszentren für diesen Wandel blind sind, kontrovers werden und ein spaltendes Potenzial entwickeln können. „Es ist das Nichtsehen, das Wegsehen, das die Dynamiken der Weltrisikogesellschaft erzeugt und beschleunigt."[100] Die Eigendynamik der Industriegesellschaft untergräbt ihre Institutionen von Klasse, Schicht, Beruf, Geschlechterrollen, Betrieb, Branchenstruktur etc.[101] BECK sieht in dieser Eigendynamik gleichzeitig auch die soziale Kraft, die Widerstand und demokratische Subversion gegen eben diese Gefahren produzieren kann.[102]

Verschiedene gesellschaftliche Teilrationalitäten üben wechselseitig Kritik aneinander, es gibt keine über die Kritik erhabenen Positionen. BECK spricht von der Demokratisierung der Kritik.[103] Der Begriff der reflexiven Modernisierung versucht den selbstlaufenden Wandel der Industriegesellschaft zur Risikogesellschaft mittels der gesellschaftlichen Selbstkritik zu erfassen. Ambivalente Handlungszusammenhänge bedürfen der Interpretation und Auslegung. Institutionen werden konflikthaft, sie öffnen sich bis in die Grundlagen ins Politische. Sie werden gestaltbar, individuen- und

---

96 Vgl. GIDDENS (1996); S. 180.
97 Vgl. GIDDENS (1996); S. 166.
98 Vgl. GIDDENS (1996); S. 166.
99 Vgl. BECK (1990); S. 49.
100 BECK (1993); S. 55.
101 Vgl. ZAPF (1998b); S. 200.
102 Vgl. BECK (1993); S. 57ff.
103 Vgl. BECK (1993); S. 53ff.

koalitionsabhängig.[104] Der Unterschied zwischen der Industriegesellschaft und der Risikogesellschaft besteht im Wissen, welches durch Selbstreflexion gewonnen wird. BECK bezeichnet die Theorie der Risikogesellschaft als politische Wissenstheorie der selbstkritisch werdenden Moderne.[105]

Nach GIDDENS spielen die Institutionen in der Risikogesellschaft als Expertensysteme trotz ihrer Erosion eine besondere Rolle. Im Zuge der reflexiven Modernisierung entsteht ein großer Bedarf an Wissen um Risiken, um Ambivalenz von Entscheidungen, ganz allgemein um die komplexen Zusammenhänge der lebensbestimmenden Realität.[106] Expertensysteme sind abstrakte Systeme, die Konzentration von fachbezogenem Wissen darstellen. Diese sind nicht unumstritten, denn sie werden subjektiv und politisch. Ambivalenz von Respekt und Misstrauen charakterisiert die Haltung von Laien gegenüber Expertensystemen.[107] In Anbetracht der Risiken (Atomkrieg, ökologische Katastrophen) aber auch in weiten Bereichen des alltäglichen Lebens kann Expertenwissen, im Gegensatz zur vormodernen Gesellschaft, nicht ignoriert werden. „Das bedeutet in einer Situation, in der viele Aspekte der Moderne globalisiert worden sind, unter anderem auch, dass keiner in der Lage ist, sich aus den abstrakten Systemen, die in modernen Institutionen eine Rolle spielen, abzugrenzen."[108] Das Verhältnis zum Expertenwissen ist jedoch in der Risikogesellschaft jedoch ein anderes als in der Industriegesellschaft. Die Kritik von Laien bekommt in der Risikogesellschaft ein höheres Gewicht als vorher, Expertenwissen wird auf Werte und Absichten hinterfragt.

6. Die Suche nach der 'Postmoderne'

„Utopien sind starke Antriebskräfte sozialen Wandels, affektive und kognitive Stimulanzien zur Veränderung."[109] Sie schließen häufig Theorien, die sozialen Wandel erklären können, bzw. zu erklären versuchen, mit ein. Für viele auch sozialwissenschaftliche Utopien ist eine Identität als Theorie und Ideologie typisch.[110]

Utopien als eine Aufstellung eines idealisierten Alternativmodells zur abgelehnten Wirklichkeit, dienen als Idealziel der Entwicklung einer Gesellschaft einer Theorie sozialen Wandels. Die Entwicklung der Risikogesellschaft und die Folgen der Globalisierung haben zu einer Entzauberung der Utopie der modernen Industriegesellschaft beigetragen. Ihre Zugkraft ist verloren gegangen, der Sozialismus als

---

104 Vgl. BECK (1993); S. 55.
105 Vgl. BECK (1993); S. 56.
106 Vgl. IWÖ/IFOK (1997); S. 43.
107 Vgl. IWÖ/IFOK (1997); S. 43.
108 GIDDENS (1996); S. 108.
109 Vgl. WEYMANN (1998); S. 21.
110 Vgl. WEYMANN (1998); S. 21.

Alternative ist ebenfalls ausgeschieden. In diesem Zusammenhang ist der Titel des Aufsatzes von MARTINSEN sehr passend: „Theorie politischer Steuerung – auf der Suche nach dem dritten Weg",[111] d.h. die Theorie der politischen Steuerung ist auf der Suche nach neuen Wegen der Steuerung jenseits von Markt und Hierarchie. Man könnte auch sagen: Die Suche nach dem Dritten Weg ist die Suche nach neuen Utopien oder die Suche nach dem, was 'postmodern' werden könnte. Gesucht werden Utopien, die ein Idealbild der Kooperation und Koordination zeichnen.

7. Zusammenfassung

Da Entwicklung, wie oben dargestellt, immer pfadabhängig verläuft, muss sich auch die Entwicklung einer 'Netzwerkgesellschaft' ebenfalls pfadabhängig erklären lassen. Im Folgenden sollen die wesentlichen Aspekte der hier vorgestellten Theorien zur Modernisierung zusammengefasst werden, auf die sich eine Entwicklung zur 'Netzwerkgesellschaft' beziehen lassen muss.

Gesellschaftliche Entwicklung wird als ein evolutorischer Prozess von zusammenhangsloser Homogenität hin zur zusammenhängender Heterogenität verstanden. Diese Heterogenität ist gekennzeichnet durch immer komplexere Systeme, welche sich zu selbstorganisatorischen und emergenten Formen differenzieren. Prozesse der Rationalisierung haben von unten den Anstoß zum Wandel gegeben. Daraus folgt die Notwendigkeit einer Analyse auf Mikro- und Makroebene. Nach PARSONS kann ein sozialer Wandel dann identifiziert werden, wenn Veränderungsprozesse über die Grenzen von Ihren Subsystemen hinaus gehen. Da hier nicht von einer universellen Theorie der Modernisierung ausgegangen werden kann, beschränkt sich der Geltungsbereich dieser Arbeit auf die Bundesrepublik Deutschland.

Wesentliche Probleme, denen sozialer Wandel Rechnung tragen muss, ergeben sich zum einen aus der Globalisierung, welche sich in einer Verminderung der Steuerungsfähigkeit und Legitimität des Nationalstaates sowie der Gefährdung des sozialstaatlichen Kompromisses äußern. Zum anderen ergeben sich aufgrund der Komplexität der Systeme nicht intendierte Nebenfolgen, woraufhin Risiken auch durch Entscheidungen entstehen. Die Folge ist, dass die Ausgangspunkte von Ordnung und Sicherheit und von Gefahr und Risiko zusammenfallen. So werden Institutionen und Traditionen konflikthaft und ambivalent. Mit der Suche nach dem dritten Weg kann eine Orientierungsbewegung in der Ideenlandschaft und ein Potenzial oder eine Bereitschaft für sozialen Wandel ausgemacht werden.

---

111 MARTINSENE (1992)

Bevor auf die Argumente für Netzwerke zur Strukturierung moderner Gesellschaften eingegangen wird, soll im Folgenden Netzwerke begrifflich eingeführt und ihr grundsätzliches Funktionieren dargestellt werden.

Teil 2: Netzwerktheorie

Im folgenden Teil soll ein Einblick in die Netzwerktheorie gegeben werden. Zum einen geht es darum, das Wesen von Netzwerken und ihre grundlegenden Kennzeichen heraus zu arbeiten. Im weiteren soll ein bestimmter Ausprägungstyp von Netzwerken (Policy-Netzwerke) näher ausgeführt und an ihnen das Funktionieren von Netzwerken erklärt werden. Dieser Teil dient als Grundlage, um im dritten Teil zwei Argumentationslinien zur Entwicklung einer 'Netzwerkgesellschaft' aufzeigen zu können.

1. Netzwerkbegriff

Netzwerke allgemein eindeutig zu definieren ist sehr problematisch, wenn nicht sogar unmöglich. Die Probleme einer allgemeinen Netzwerkdefinition rühren daher, dass die verschiedenen Netzwerkansätze aus verschiedenen Perspektiven unterschiedliche Aspekte von Netzwerken betrachten. Der Netzwerkbegriff weist eine hohe Flexibilität auf, welches ein Vorteil ist, wenn es darum geht zugespitzt besondere Konstellationen zu erfassen. Die Flexibilität des Netzwerkbegriffs ist im Rahmen dieser Arbeit eher ein Problem, wenn es darum geht, Aussagen über Netzwerke im Allgemeinen (im Rahmen von Modernisierung einer Gesellschaft) zu treffen. Um einen für diese Arbeit brauchbaren Netzwerkbegriff zu erhalten, muss dieser erst erarbeitet werden, da ein Zurückgreifen auf vorhandene Netzwerkdefinitionen nur begrenzt sinnvoll ist.

Netzwerke können **inklusiv** oder **exklusiv** definiert werden. Der weitestgehende Ansatz wäre die **inklusive** Definition, sie versteht die Gesellschaft im Ganzen als Netzwerk, Akteure verfolgen in einem komplexen Feld von Abhängigkeiten ihre Interessen, die Politik stellt ein soziales Austauschsystem dar.[112] Dagegen sind **exklusive** definierte Netzwerke ein qualitativ unterscheidbarer anderer Typus von Sozialstruktur, welcher dauerhaft, nicht formal organisiert ist. Es bestehen wechselseitige Abhängigkeiten, gemeinsame Verhaltenserwartungen und Orientierungen im Rahmen von Kommunikationsstrukturen zwischen Individuen oder Organisationen. Diese Netzwerke dienen dem Informationsaustausch, der kooperativen Produktion oder der gemeinsamen Interessensformulierung.[113]

Im Rahmen dieser Arbeit soll von einem **exklusiven** Netzwerkbegriff ausgegangen werden, auch wenn mit dem Fokus auf eine 'Netzwerkgesellschaft' eine inklusive Definition angemessen erscheint, so soll doch der Ausgangspunkt *zur* Entwicklung

---

[112] Ein Beispiel für eine inklusive Netzwerkdefinition wäre hier der Ansatz von CASTELLS (1996)

[113] Eine solche Definition wird auch vom Strukturfunktionalismus vertreten z.B. MAYNTZ.

einer 'Netzwerkgesellschaft' die Differenzierung von Teilsystemen sein. Es geht also nicht um die Gesellschaft als Netzwerk sondern eine Gesellschaft von Netzwerken.

Im weiteren können drei Netzwerkparadigmen unterschieden werden:

a) Die **Politikfeldforschung** (sachlich-inhaltlicher Fokus) beschäftigt sich mit der Problematik der Politikproduktion. Im Mittelpunkt steht die Leistungsfähigkeit eines Netzwerkes, Problemlösung im politischen Rahmen für ein System zu bewirken.[114] In diesem Zusammenhang spielen Netzwerke in der Steuerungsdiskussion als eine Alternative zu Markt und Hierarchie eine bedeutende Rolle.

b) Die **formale Netzwerkanalyse** (relationaler Fokus) untersucht die Interaktionsstrukturen. Dies geschieht einmal in modelltheoretischer Perspektive, in welcher ein Abbild von Austausch-, Beeinflussungs- und Machtprozessen in interorganisatorischen Beziehungen entworfen wird. Zum anderen werden in empirischen Untersuchungen Strukturen und Politikfelder mittels qualitativer Variablen analysiert, um deren Einordnung anhand von Idealtypen (z.B. Pluralismus, Korporatismus) zu ermöglichen. Im Mittelpunkt der Betrachtung liegt die Abbildung der internen Netzwerkstrukturen, unberücksichtigt bleiben dagegen Steuerungswirkungen.[115]

c) **Ökonomisch orientierte Ansätze** (Fokus auf Wirksamkeit), wie die Transaktionskostenanalyse, beschäftigen sich mit der Frage, warum es überhaupt Unternehmensnetzwerke gibt. Des weiteren geht es um qualitative Netzwerkansätze, die sich mit den Effekten von Netzwerkstrukturen auseinandersetzen.[116] Die Leistungen von Netzwerken werden in der Vertrauensbildung, Wissensdiffusion und der kollektiven Steuerungsleistung gesehen.

Für Netzwerke als Instrumente zur Strukturierung moderner Gesellschaften wäre es unangemessen, sich auf eine dieser Perspektiven festzulegen, zumal auch viele Ansätze eine Mischung der Perspektiven darstellen. Im Folgenden sollen drei Netzwerktheorien vorgestellt werden, die Netzwerke exklusiv begreifen und im Rahmen zwischen Markt und Hierarchie verorten. Damit sollen die wichtigsten Aspekte aus den drei Netzwerkparadigmen eingefangen werden.

1.1 Netzwerke: zwischen Markt und Hierarchie

Markt und Hierarchie sind zwei institutionalisierte Steuerungsmedien, welche die Gesellschaft zu einem erheblichen Teil steuern und strukturieren.

---

[114] Vgl. PERKMANN (1998); S. 880.
[115] Vgl. PERKMANN (1998); S. 880.
[116] Vgl. PERKMANN (1998); S. 880.

1.1.1 Markt

Der Steuerungsmechanismus des Marktes ist der Marktmechanismus selbst, die Prinzip von Angebot und Nachfrage, das durch die Preisbildung vermittelt wird. Dabei wird von dichten Märkten ausgegangen, d.h., dass Käufer und Verkäufer im Einzelfall nicht aufeinander angewiesen sind. Käufer und Verkäufer orientieren sich bei einer Markttransaktion an ihren individuellen egoistischen Zielen. Transaktionen auf dem Markt sind als Einzelaktionen angelegt. Mit jedem Vertrag werden die Bedingungen neu festgelegt. Dadurch ist der Markt sehr flexibel und kann schnell auf Veränderungen reagieren. Neben Marktdichte und Markttransparenz bestimmen auch gemeinschaftliche Regeln und Werte das Handeln der Marktteilnehmer.[117] Diese Regeln und Werte drücken sich auch in den Eigentumsrechten und dem darauf aufbauenden Vertragsrecht aus. Der rechtliche Vertrag macht es möglich, dass sich die Eigeninteressen von Käufer und Verkäufer nicht gegenseitig übervorteilen. Der klassische Vertrag ist präzise in den Vorbedingungen und präzise im Ergebnis durch Leistungserfüllung, er ist konform zur autonomen Organisationsformen des Marktes.[118] Trotz 'untransparenter' Identität der Vertragspartner ist Vertrauen aufgrund von Vertrags- und Eigentumsrechten möglich.

Die Steuerungsfähigkeit des Marktes findet da ihre Grenzen, wo es nicht mehr möglich ist, Verträge präzise zu fassen. In solchen Fällen ist die Sicherheit und das Vertrauen aufgrund des Vertrages nur noch bedingt zu gewährleisten. Das bedeutet, dass nicht oder nur bedingt vertragsfähige Transaktionen nicht oder nur sehr begrenzt über den Markt abgewickelt werden können. Der Markt wird zudem uneffizient, sobald transaktionsspezifisches Wissen entsteht, das hat zur Folge, dass jede Verhandlung mit neuen Vertragspartnern verhältnismäßig hohe Kosten verursacht, und damit ein dem Markt seine Flexibilität nimmt. In beiden Fälle werden die Transaktionen aus dem Markt in Hierarchien überführt.[119]

1.1.2 Hierarchie

Mit Hierarchie ist eine Rangordnung gemeint, die eine Struktur der Weisungsgebundenheit in einer Organisation oder einer Verwaltung darstellt.[120] Die Organisation tritt nach außen geschlossen auf, die Organisationsziele werden von allen Mitgliedern der Organisation gemeinsam verfolgt. Hierarchie als Steuerungsmedium eignet sich dann, wenn das zu bearbeitende Problem sich in einzelne Schritte aufteilen (dekomponieren), sich spezialisiert bearbeiten und sich auch wieder zu einer Gesamtlösung

---

117 Vgl. WEBER (1972); 198ff.
118 Vgl. MACNEIL (1974); S. 738.
119 Vgl. POWELL (1996); S. 214.
120 Die Erfindung der bürokratisch-hierarchischen Organisationsformen bewertet WEBER, aufgrund ihrer technisch überlegenen und formal rationalen Form der Problemlösung, als eine eminente Kulturleistung. Vgl. WEBER (1972); S. 560f.

des Problems zusammensetzen (aggregieren) lässt.[121] Das Management dekomponiert und verteilt in einem autoritativen Ordnungssystem die Aufgaben und Ressourcen. „Die sichtbare Hand des Management ersetzt die unsichtbare des Marktes zu Koordination von Angebot und Nachfrage.“[122] Die Besonderheit hierarchischer Systeme ist ihre „Nahezu-Zerlegbarkeit“ oder auch Modularität. „Modularität bezeichnet genau den Grenzfall, in dem die Subsysteme in bestimmten, für das System strategisch wichtigsten Momenten zusammenhängen und über selektive Schnittstellen miteinander Kommunizieren,...“[123] „Hierarchie schützt vor den unberechtigten Eingriffen anderer in die eigene Arbeit und bezeichnet exakt und präzise die wenigen Stellen, von denen Eingriffe erwartet werden müssen und denen Eingriffe zugemutet werden können.“[124]

Hierarchien werden effektiv, wenn sie zur Problemlösung Wissen generieren und dieses in die hierarchische Struktur implementieren. Nicht alles, was in einem Subsystem passiert, ist für das gesamte System von Bedeutung. So kann Hierarchie Komplexität reduzieren. Die Steuerungsfähigkeit hierarchischer Systeme gelangt an ihre Grenzen, wenn komplexe Aufgaben sich nicht hierarchisch dekomponieren und aggregieren lassen. Dies ist der Fall, wenn ein Teil der Problembearbeitung (z.B. nötige Ressourcen) außerhalb des hierarchischen Regelungsbereiches liegt, oder wenn die Teillösungen auf unterschiedlichen hierarchischen Ebenen in abhängiger Beziehung stehen, wenn ebenenübergreifende Koordination, hierarchiefreier Diskurs oder hohe Entscheidungsautonomie vor Ort notwendig sind.[125]

Die Schwierigkeiten hierarchischer Koordination kann im Wesentlichen an zwei Aspekten festgemacht werden: dem Motivationsproblem und dem Informationsproblem.[126] Bezüglich der Motivation ist Hierarchie nur dann akzeptabel, wenn sie im Gesamtinteresse ausgeübt wird. Das Problem besteht nun darin, dass eine Sicherung gegen Orientierung am Privatinteresse nicht möglich ist, ohne die Vorteile und Möglichkeiten einer Hierarchie zu reduzieren.[127] So kann in einer funktionierenden Hierarchie den Amtsinhabern immer auch Opportunismus unterstellt werden. Auf der Ebene zentraler Entscheidungen ist es schwierig, bis unmöglich, zutreffende Informationen über lokale Bedingungen der entscheidungsrelevanten Probleme und Lösungsoptionen zu gewinnen. Das Problem besteht nicht allein im freien und schnellen Informationsfluss, sondern viel mehr in der Informationsverarbeitung auf

[121] Vgl. WILLKE (1995); S. 68.
[122] Vgl. POWELL (1996); S. 223.
[123] WILLKE (1995); S. 72.
[124] BAECKER (1994); S. 24.
[125] WILLKE (1995); S. 70.
[126] Vgl. SCHARPF (1996); S. 503.
[127] Vgl. SCHARPF (1996); S. 505.

der zentralen Ebene der Entscheidung.[128] Bei dieser Informationsverarbeitung auf unterschiedlichen Ebenen interpretieren einzelne Mitglieder Informationen stellvertretend für alle oder einige Organisationsmitglieder. Die daraus resultierende verzerrte oder selektive Weitergabe von Informationen kann einer Anpassung der Problembearbeitung im Wege stehen. Die Kooperationsvorteile der Organisation finden ihre Grenzen, wenn die Gestaltungsfreiheit und Anpassung der Subsysteme eingeschränkt zu stark eingeschränkt werden.[129]

1.1.3 Transaktionskostenanalyse

Die Transaktionskostenökonomie geht davon aus, dass die Einsparung von Transaktionskosten ein Hauptzweck ökonomischer Institutionen darstellt. Dem folgt die Annahme, dass sich die Transaktionskosten aus der Kombinationen der Umstände der Transaktion und der Art der Steuerungsstruktur ergeben.[130]

Die Transaktionskostenökonomie betrachtet Markt und Hierarchie als die beiden Grundprinzipien der Steuerung. Netzwerke stellen eine Hybridform aus Markt und Hierarchie dar, die sich erst entwickeln, wenn die Steuerungsfunktionen von Markt und Hierarchie nicht mehr funktionieren. Dieses Nichtfunktionieren von Markt und Hierarchie erklärten VON HAYEK und BARNARD aufgrund ihrer mangelnden Anpassungsfähigkeit als zentrales ökonomisches Problem.[131] Die mangelnde Anpassungsfähigkeit wird an einem Koordinationsdefizit festgemacht. Nicht präzisierbare Aspekte einer Transaktion auf dem Markt können verschiedene Interpretationen hervorrufen, die zu Koordinationsdefiziten führen. Die Stärke des Marktes in seiner autonomen Anpassungsfähigkeit büßt er durch den Mangel an kooperativer Anpassungsfähigkeit ein.[132]

Dem Netzwerk, als hybride Form, liegt nach WILLIAMSON die Entwicklung vom klassischen zum neoklassischen Vertragsrecht zugrunde. Zum neoklassischen Vertragsrecht zählen Verträge, die den einzelnen Transaktionspartnern Autonomie ermöglichen, die jeweiligen Transaktionspartner jedoch nicht unerheblich voneinander abhängig machen. Neoklassische Verträge räumen Toleranzzonen ein, implementieren Informationsaustausch und stellen alternatives Verhalten für Ausnahmen bereit.[133] „Die Vertragspartner verfügen weiterhin über Autonomie, Vertragsbeziehungen werden jedoch über elastische Vertragsmechanismen mediatisiert."[134] Das Vertrauen in den Vertragspartner spielt im Vergleich zum klassischen Vertrag eine größere Rolle.

---

128 Vgl. SCHARPF (1996); S. 506;
129 Vgl. BARNARD (1938); S. 4ff.
130 Vgl. WILLIAMSON (1996); S. 194.
131 Vgl. VON HAYEK (1945); S. 524; BARNARD (1938); S. 6.
132 Vgl. VON HAYEK (1945); S. 524ff.
133 Vgl. WILLIAMSON (1996); S. 173.
134 Vgl. WILLIAMSON (1996); S. 172.

Verträge in dieser Art ermöglichen Kontinuität und Anpassung, sie zielen auf längerfristige Beziehung ab. Wie WILLIAMSON in Tabelle 2 darstellt, hat die Hybridform eine eigene Charakteristik und unterscheidet sich eindeutig von Markt und Hierarchie, wobei ein fließender Wechsel von Markt und Hierarchie möglich ist.[135]

	Steuerungs- und Regelungsstrukturen		
	Markt	**Hybridform**	**Hierarchie**
Instrumente			
Anreizintensität	++	+	0
administrative Kontrollmöglichkeiten	0	+	++
Leistungsdimensionen			
autonome Anpassungsfähigkeit	++	+	0
kooperative Anpassungsfähigkeit	0	+	++
Vertragsrecht	++	+	0

Tabelle 2: Unterscheidungsmerkmale von marktförmigen, hybridförmigen und hierarchischen Steuerungs- und Regelungsstrukturen
(Quelle: Williamson 1996 S. 186)

Als die wesentlichen Ergebnisse der Transaktionskostenanalyse fasst WILLIAMSON folgende Punkte zusammen:[136]

⇒ Die Wirksamkeit von Märkten nimmt ab, wenn die bilaterale Abhängigkeit zunimmt.

⇒ Die Hybridformen sind für strikt autonome Anpassungen fast so leistungsfähig wie der Markt, in allen übrigen Anpassungskategorien sind Hybridformen besser als der Markt.

⇒ Hierarchie ist mit Bürokratie belastet und erreicht keine hohen Wirksamkeitswerte in den verschiedenen Anpassungskategorien. Wichtig ist jedoch ihre komparative Effizienz.

⇒ Die Effizienz von Hierarchie ist am geringsten bei Störungen, die autonome Anpassungen erfordern.

---

[135] Vgl. WILLIAMSON (1996); S. 196.
[136] Vgl. WILLIAMSON (1996); S. 194.

⇒ Die Vorteile einer Hierarchie nehmen zu, je größer eine bilaterale Abhängigkeit ist.

WILLIAMSON geht davon aus, dass Netzwerke als nichthierarchische Vertragsbeziehungen Reputationswirkungen aufweisen. Die Beteiligten einer Transaktion, auf die sich der Reputationseffekt bezieht, können auf diese Weise nicht nur aus eigenen Erfahrungen, sondern auch aus Erfahrungen anderer profitieren.[137] Eine wesentliche Kritik an WILLIAMSONS Ansatz der Transaktionskostenanalyse besteht darin, dass sie den Aspekt des Erfahrungsaustausches dennoch unzureichend berücksichtigt. In der Theorie des Netzwerkes als Hybrid zwischen Markt und Hierarchie (Kontinuum Konzept) werden Reziprozität und Kooperation als alternative Steuerungsmechanismen nur mangelhaft berücksichtigt.[138] Wirtschaftliche Beziehungen müssen auch im Rahmen sozialer und kultureller Traditionen betrachtet werden. So ist die Entstehung von Hybridformen nicht als reine funktionale ökonomische Ableitung zu betrachten, sondern muss auch aus sozialen, politischen und historischen Zusammenhängen erklärt werden.[139]

1.1.4 Netzwerke als ein eigenes Arrangement

Eine Grundannahme POWELLS ist, dass Netzwerke ein eigenes Arrangement darstellen, welches sich weder auf Markttransaktionen noch auf hierarchische Steuerungs- und Regelungsstrukturen zurückführen lassen.[140] Ressourcenallokation findet in Netzwerken nicht in Tauschprozessen oder administrativen Anweisungen statt, sondern in wechselseitigen, sich gegenseitig bevorzugenden und unterstützenden Handlungszusammenhängen von Individuen (Prinzip der Reziprozität und Kooperation). Eine weitere Annahme ist, dass die Netzwerkbeziehung sich auf gegenseitige Abhängigkeit von den Ressourcen der jeweils anderen gründet. Durch die Kombination der Ressourcen im Netzwerk können Vorteile realisiert werden. Vorteile auf Kosten anderer im Netzwerk sind nicht mehr zu erzielen. „Die Eckpfeiler der erfolgreich produzierenden Netzwerke sind **Komplementarität** und **Interessensausgleich**."[141]

Netzwerke besitzen eine besondere Qualität in der Weitergabe von Informationen, sie sind dichter als die Informationen im Markt und freier als die Kommunikation in der Hierarchie. Diese Kommunikationsfähigkeit ist von Bedeutung, wenn es um den Austausch von 'non tradeable goods' geht, von Gütern, bei denen der Preisbildungsmechanismus des Marktes unzweckmäßig ist (z.B. Innovations- und Experimentierfreude, Know-how, technologische Kapazität etc.).

---

137 Vgl. WILLIAMSON (1996); S. 201.
138 Vgl. POWELL (1996); S. 218.
139 Vgl. GORDON (1985) in POWELL (1996); S. 218; POWELL (1996); S. 252.
140 Vgl. POWELL (1996); S. 220.
141 POWELL (1996); S. 224; Hervorhebungen der Verfasser.

MAUSS beschreibt die Grundlage von Geben und Nehmen nicht allein in bezug auf rationale Kalkulation, sondern auch auf der Basis kultureller Orientierung. Gegenseitigkeit wird durchaus als Verstärker in langfristiger Perspektive angenommen.[142] In der folgenden Tabelle werden die drei Organisationsformen (Markt, Hierarchie und Netzwerk) in Stichpunkten nebeneinander gesellt, um die Eigenheiten von Netzwerken im Gegensatz zum Kontinuum Konzept (vgl. Tabelle 2) zu verdeutlichen.

	Organisationsformen		
Hauptmerkmale	**Markt**	**Hierarchie**	**Netzwerk**
Normative Basis	Verträge Eigentumsrechte	Arbeitsverhältnis	komplementäre Stärken
Kommunikationswege	Preise	Routine	Beziehungen
Methoden der Konfliktbewältigung	feilschen, Gerichtsverfahren	administrativer Befehl und Kontrolle	Norm der Gegenseitigkeit, Fragen der Reputation
Flexibilitätsgrad	hoch	niedrig	mittel
Stärke der Verpflichtungen zwischen den Parteien	niedrig	mittel bis hoch	mittel bis hoch
Atmosphäre oder Klima	Genauigkeit und/ oder Misstrauen	formal, bürokratisch	open ended, gegenseitige Vorteile
Akteurspräferenzen oder Entscheidungen	unabhängig	abhängig	interdependent
Mischformen	wiederholte Transaktionen Verträge als hierarchische Dokumente	informelle Organisation marktähnliche Eigenschaften: Profitzentren, Verrechnungspreise	Statushierarchien vielfältige Partner formale Regeln

Tabelle 3: Ein Vergleich ökonomischer Organisationsformen

(Verändern nach: POWELL 1996; S.221)

Als allgemeine Gründe für das Entstehen von Netzwerken nennt POWELL drei Aspekte: Know-how, Bedürfnis nach Geschwindigkeit und Vertrauen.

Mit Know-how ist eine Form stillschweigenden Wissens gemeint, das zumindest nicht vollständig kodifiziert werden kann. Es ist an talentierte Personen gebunden und mit diesen Personen gleichzeitig sehr mobil. Dieses Talent kann nicht gekauft oder befohlen werden. Markt und Hierarchie können sich vor Abwanderung talen-

[142] Vgl. MAUSS in POWELL (1996); S. 226.

tierter Personen nicht schützen.[143] Die Netzwerkstruktur lateraler Kommunikation und gegenseitiger Verpflichtung stellt einen günstigen Rahmen für hochqualifizierte Arbeitskräfte dar, da das Netzwerk für den Austausch von Wissen und Fertigkeiten dem Markt sowie der Hierarchie überlegen ist. Nach BUCKLEY und CASSON führt der Austausch von Informationen zur Entstehung gemeinsamer Werte, welches ein laufendes Netzwerk zunehmend stabilisiert.[144]

Das Bedürfnis nach Geschwindigkeit ist besonders für Firmen ein Motiv Netzwerke zu bilden. Verbindungen von Unternehmen untereinander oder zwischen Firmen und Universitäten beschleunigen Entwicklungsprozesse und mindern Risiken bei kurzlebigen Produkten. Ein schnellerer Marktzugang wird möglich, dessen Bedeutung am Beispiel der QWERT Tastatur schon verdeutlicht wurde. In diesem Zusammenhang besitzt das Netzwerk komparative Vorteile mit den Merkmalen des schnelleren Zugangs zu Informationen, Flexibilität und Responsivität.[145]

Vertrauen zeigt sich in den sozialen Zusammenhängen von Netzwerken, die Kooperation, Solidarität und Sinn für Reziprozität fördern. Kooperatives Verhalten orientiert sich an Maßstäben, die nur gemeinsam, nicht von einem Einzelnen aufgestellt werden können.[146] Dies ist unter anderem eine Quelle für Vertrauen. „Vertrauen reduziert komplexe Realitäten sehr viel schneller und ökonomischer als Voraussage, Autorität oder Verhandlung."[147] Mit der Wahrscheinlichkeit für zukünftige Verbindungen werden Personen nicht nur kooperativer, sondern es verstärkt sich auch die Bereitschaft nicht kooperative Personen zu sanktionieren (langfristig steigt der Wert der Qualität gegenüber dem der Quantität).[148] Im Gegensatz zur Vielfalt und Stärke durch Komplementarität gilt für das Vertrauen: „Je homogener die Gruppe ist, desto größer ist das Vertrauen, desto einfacher ist die Erhaltung des netzwerkähnlichen Arrangements. Steigt die Vielfalt der Teilnehmer, schwinden Vertrauen und die Bereitschaft zu langfristiger Zusammenarbeit."[149]

1.1.5 Netzwerke als kollektive Akteure höherer Ordnung

Diesem Ansatz von TEUBNER liegt eine systemtheoretische Perspektive zugrunde. Er versucht Netzwerke als **autopoietisches System**[150] zu erklären, welche sich als emergente Form aus selbstreferentiell konstituierten Einheiten ergeben.[151] Netzwer-

143 Vgl. HIRSCHMAN (1993); S. 168.
144 Vgl. BUCKLEY /CASSON (1988); S. 33ff.
145 Vgl. POWELL (1996); S. 254.
146 Vgl. MAYNTZ (1996); S. 480f.
147 POWELL (1996); S. 226.
148 Vgl. POWELL (1996); S. 255.
149 POWELL (1996); S. 256.
150 Vgl. ROTH (1987); S. 264f; ROTH beschreibt zwei Bedeutungen von Autopoiesis : Selbstherstellung und Selbsterhaltung.
151 Vgl. TEUBNER (1996); S. 536.

ke werden so als Emergenzphänomene jenseits von Vertrag und Organisation verstanden. TEUBNER definiert Netzwerke selbst als corporate actors, die Effizienzgewinne durch Vielfachzurechnung bewirken.[152]

Selbstreferenz bezeichnet die Fähigkeit sich selbst beobachten zu können, das eigene System in funktionalen Bestandteilen differenziert wahrnehmen zu können.[153] Diese Fähigkeit ermöglicht es einem System gegebene Elemente neu zu gruppieren, so dass sowohl neue Eigenschaften, als auch neue Elemente von neuen Systemen entstehen können, die gegenüber den vorherigen Konstellation autonom sind.[154]

Durch Neukonstellation der Bestandteile in selbstreferentiellen Zusammenhängen, kann es zu einem neuen emergenten System kommen. Kennzeichnend für Emergenz ist die Kombination einzelner Bestandteile und Funktionen, durch die ein Schritt von der Sinnebene der einzelnen Elemente zu einer neuen, einheitlichen, übergeordneten Sinnebene eines Systems erreicht wird. „Dieser Entwicklungssprung ist eine Transformation der Organisation eines Systems.“[155] Um von dem naturwissenschaftlichen Gehalt der Begriffe Autopoiesis und Emergenz Abstand zu nehmen, differenziert ROTH zwischen einer organischen, neuronalen, psychischen und sozialen Ebene der Autopoiesis und Emergenz.[156] Bei der Emergenz von Netzwerken geht es um die Verselbständigung von sozialen Prozessen, von Kommunikationssystemen gegenüber anderen Kommunikationssystemen.[157] TEUBNER bezeichnet Netzwerke als symbiotische Kontrakte, welche als Steuerungsformen in einer dritten Ordnungsebene einzuordnen sind, jenseits der ersten Ordnungsebene (Gesellschaft) und der zweiten Ordnungsebene (Vertrag und Organisation).[158]

TEUBNER bezeichnet 'Verpasste Gelegenheiten' als die treibende Kraft für ein Experimentieren mit institutionellen Arrangements, „die sich als >>re-entry<< einer Unterscheidung in das durch sie Unterschiedene beschreiben lassen.“[159] Aus einem re-entry der Unterscheidung von Markt und Hierarchie, entsteht das Netzwerk als autopoietisches System dritter Ordnung.[160] Dieses re-entry der Unterscheidung von Markt und Hierarchie ist die Grundlage für die Doppelattribution von Handlungen im Netzwerk. Ereignisse aus dem Netzwerk werden den autonomen Vertragspartnern als auch der Gesamtorganisation zugerechnet. Die gegenläufigen Prinzipien (Markt

---

152 Vgl. TEUBNER (1996); S. 536.
153 Vgl. LUHMANN (1984); S. 63; Im Rahmen von Reflexion spricht Luhmann nicht mehr von Einheit, sondern von Identität. Vgl. LUHMANN (1990); S. 482.
154 Vgl. TEUBNER (1996); S. 538.
155 KRIEGER (1996); S. 31.
156 Vgl. ROTH (1987); S. 398.
157 Vgl. TEUBNER (1996); S. 538.
158 Vgl. TEUBNER (1996); S. 540f; siehe auch SCHANZE (1990).
159 TEUBNER (1996); S. 543.
160 Vgl. TEUBNER (1996); S. 543.

und Hierarchie) dienen dem Netzwerk auf Ebene der Doppelorientierung als Instrumente zur Selbststeuerung.[161]

Entgegen WEBER erlaubt die Theorie der autopoietischen Sozialsysteme kollektive Akteure begrifflich zu fassen.[162] Die Realität kollektiver Akteure besteht in ihrer sozial verbindlichen Selbstbeschreibung als zyklische Verknüpfung von Identität und Handlung im Rahmen eines organisierten Handlungssystems. So lassen sich dem Handlungssystem als Ganzem soziale Prozesse als Handlungen zuschreiben. Das Netzwerk bringt eine neue soziale Form des kollektiven Handelns hervor, die von den Parallelen zum Handeln des menschlichen Individuums abstrahiert.[163] Für das Netzwerk kennzeichnend ist die Fragmentierung der kollektiven Handlungsfähigkeit in dezentrale Subeinheiten oder auch polyzentrische Autonomiesierung.

1.2 Zusammenfassung

In der folgenden Abbildung wurden die wichtigsten Aspekte der drei oben dargestellten Netzwerkansätze zusammengetragen und zum Vergleich nebeneinander gestellt.

161 Vgl. TEUBNER (1996); S. 545.
162 Vgl. WEBER (1972); S. 6f; LUHMAN (1984); S. 279ff.
163 Vgl. TEUBNER (1996); S. 552.

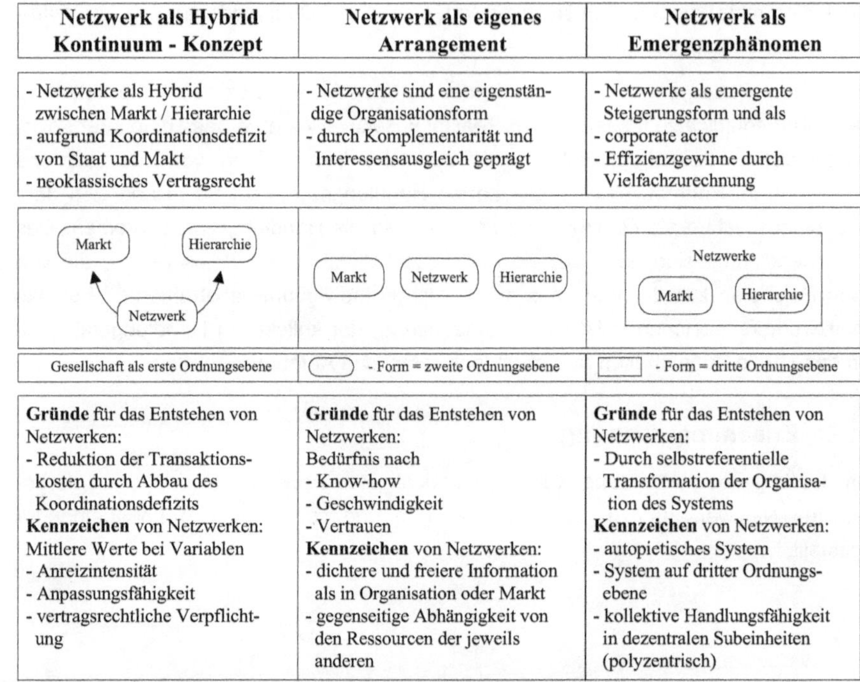

Netzwerk als Hybrid Kontinuum - Konzept	Netzwerk als eigenes Arrangement	Netzwerk als Emergenzphänomen
- Netzwerke als Hybrid zwischen Markt / Hierarchie - aufgrund Koordinationsdefizit von Staat und Makt - neoklassisches Vertragsrecht	- Netzwerke sind eine eigenständige Organisationsform - durch Komplementarität und Interessensausgleich geprägt	- Netzwerke als emergente Steigerungsform und als - corporate actor - Effizienzgewinne durch Vielfachzurechnung
Markt, Hierarchie, Netzwerk	Markt, Netzwerk, Hierarchie	Netzwerke: Markt, Hierarchie
Gesellschaft als erste Ordnungsebene	- Form = zweite Ordnungsebene	- Form = dritte Ordnungsebene
Gründe für das Entstehen von Netzwerken: - Reduktion der Transaktionskosten durch Abbau des Koordinationsdefizits **Kennzeichen** von Netzwerken: Mittlere Werte bei Variablen - Anreizintensität - Anpassungsfähigkeit - vertragsrechtliche Verpflichtung	**Gründe** für das Entstehen von Netzwerken: Bedürfnis nach - Know-how - Geschwindigkeit - Vertrauen **Kennzeichen** von Netzwerken: - dichtere und freiere Information als in Organisation oder Markt - gegenseitige Abhängigkeit von den Ressourcen der jeweils anderen	**Gründe** für das Entstehen von Netzwerken: - Durch selbstreferentielle Transformation der Organisation des Systems **Kennzeichen** von Netzwerken: - autopietisches System - System auf dritter Ordnungsebene - kollektive Handlungsfähigkeit in dezentralen Subeinheiten (polyzentrisch)

Abbildung 2: Überblick über die drei oben dargestellten Netzwerkansätze

In der theoretischen Diskussion ist es umstritten, ob Netzwerke wirklich eine eigene Form sozialer Handlungstypen sind, oder als eine hybride Form zwischen Markt und Hierarchie einzuordnen sind. In dieser Arbeit soll im Weiteren von Netzwerken als emergente Phänomene ausgegangen werden. Dieser Ansatz ist von den exklusiven Netzwerkdefinitionen der weitestgehende Ansatz. Die Aspekte wie Selbstreferenz und das Netzwerk als autopoietisches System haben ein höheres Potenzial, das Entstehen einer 'Netzwerkgesellschaft' zu erklären.

Bis hierhin wurden Netzwerke als Struktur auf theoretischer Ebene betrachtet. Um auf die Funktionsweisen von Netzwerken eingehen zu können, müssen die verschiedenen Anwendungsfelder und die daraus resultierenden Netzwerktypen berücksichtigt werden. Da die Betrachtung von mehreren Netzwerktypen im Rahmen dieser Arbeit nicht zu leist ist, findet im Folgenden eine Einschränkung auf einen Netzwerktyp statt.

2. Netzwerktypen

Die verschiedenen Anwendungsfelder und ihre entsprechenden Netzwerktypen lassen sich halbwegs systematisieren (vgl. Tabelle 4). Die Merkmale zur Systematisierung sind der Weg und das Ziel (hier als Strukturdimension bezeichnet). Die Strukturdimension bezeichnet die Strategie der Netzwerkbildung oder auch das Prinzip der Netzwerkstruktur. Dabei bezieht sich die Dimension der Sozialintegration auf Aspekte wie Macht, Interessensausgleich und Konfliktbewältigung, während die Systemintegration den Fokus auf die Steuerungsleistung und Steuerungswirkung legt.[164]

BRUNNENGRÄBER/WALK unterscheiden in ihrer Arbeit zwischen fünf verschiedenen Netzwerktypen (professional networks, intergovernmental networks, producer networks, issue networks, policy communities).[165]

- Professional networks kennzeichnen sich durch hohe Kontinuität und hohe Interdependenz. Sie können sich als systemintegrative Netzwerke vorwiegend auf Warenproduktion aber auch auf Politik beziehen (z.B. medizinische Versorgung, Wettervorhersagedienst, Frühwarnsysteme wie Wasserschutz etc.)
- Intergovernmental networks sind nicht grundsätzlich auf Kontinuität ausgelegt. Ihr Hauptanliegen ist die Konfliktvermeidung und die Realisierung eines Interessensausgleichs. Mit steigender Orientierung auf Kontinuität steigt auch ihr systemintegrativer Charakter (z.B. bis 1994 die KSZE Konferenz für Sicherheit und Zusammenarbeit in Europa).
- Producer networks zeichnen sich ebenfalls durch hohe Kontinuität und hohe Interdependenz aus. Das Netzwerk als Steuerungsmedium dient der Abstimmung, Koordination und der Absicherung und Reduzierung von Risiken (z.B. Aufteilen von Entwicklungskosten, z.B. Automobilindustrie).
- Issue networks sind durch eine große Anzahl von Mitgliedern, durch Instabilität, geringe Kontinuität und geringe Interdependenzen zwischen den Mitgliedern charakterisiert. Es handelt sich meist um zeitlich begrenzte Netzwerke, die sich aber unter Umständen zu einer „policy community" entwickeln können. Ihr Schwerpunkt liegt auf dem Interessensausgleich und der Konfliktbearbeitung (z.B. die Widerstandsbewegung zu den Castortransproten).
- Policy communities oder auch policy networks sind eher durch Kontinuität, hohe Interdependenz und große Übereinstimmung hinsichtlich der Ziele charakterisiert.

---

164 Vgl. PERKMANN (1998); S. 881.
165 Vgl. BRUNNENGRÄBER/WALK (1997); S. 76.

Sie dienen dem Interessensausgleich und der Konfliktbewältigung ebenso wie einem politischen Steuerungsinteresse.

Strukturdimension **Zielrichtung**	**Sozialintegration** Interessensausgleich und Konfliktbewältigung	**Systemintegration** Steuerungsleistung und Steuerungswirkung
Politik	• policy communities • issue networks • intergovernmental networks	• policy communities • professional network • intergovernmental networks
Waren		• producer networks • professional network

Tabelle 4: Koordinatensystem zur Einordnung von Netzwerktypen

(Kategorien von PERKMANN (1998); S.881)

Bei der weiteren Ausführung der Arbeit werden ich mich auf Policy-Netzwerke beschränken und an ihnen exemplarisch das Funktionieren von Netzwerken erklären. Die Wahl begründet sich zum einen in der Kontinuität von Policy-Netzwerken als ein Aspekt für die Dauerhaftigkeit eines gesellschaftlichen Wandels. Zum anderen kann mit dem Typ der Policy-Netzwerke eine Vermischung oder Verwechslung von allgemeinem Größenwachstum und Expansion (z.B. in der Industrie) und der Bildung von Netzwerken ausgeschlossen werden.

2.1 Policy-Netzwerke

Policy-Netzwerke stellen ein Arrangement aus organisierten, öffentlichen und privaten Interessensvertretern dar, wobei die Größe, Stabilität, der Zeitablauf sowie die politischen Sektoren und Ebenen unterschiedlich sein können.[166] Die Entstehungsvoraussetzung für Policy-Netzwerke ist die Perspektive, dass sich der kooperative Verhandlungszusammenhang als eine stabile Alternative zur hierarchischen, staatlichen Intervention darstellt. Freiwillige und bewusste Kooperation und die Fähigkeit, die Verhandlungsergebnisse innerhalb der Organisation umzusetzen, sind eine notwendige Bedingung für das Funktionieren von Policy-Netzwerken. Bevor jedoch auf das Funktionieren von Policy-Netzwerken näher eingegangen wird, soll in einer Zusammenfassung eine Definition von Policy-Netzwerken versucht werden. Dabei beziehe ich mich auf die Arbeit von MESSER, der aus der Breite der theoretischen

[166] Vgl. MAYNTZ (1996); S. 473.

Netzwerkdiskussion eine Reihe von Elementen einer Definition von Policy-Netzwerken zusammengestellt hat:[167]

1. Die Netzwerkstruktur ist durch drei wesentliche Elemente charakterisiert:
   Dies sind horizontale Beziehung zwischen den Akteuren
   - integratorisches Beziehungsgeflecht
   - Interaktion eher in losen Beziehungen
2. Netzwerke sind Phänomene in polyzentrischen Gesellschaften.
3. Es besteht eine wechselseitige Abhängigkeitsbeziehung zwischen den beteiligten Akteuren. Diese können nicht alle Ressourcen zur Bewältigung ihrer Aufgaben aus sich selbst schöpfen.
4. Die Funktionsbeschreibung ist ein Kriterium zur Festlegung der Grenzen des Netzwerkes. Nicht am Entscheidungsprozess Beteiligte befinden sich außerhalb des Netzwerkes.
5. Die Interaktionsprozesse sind darauf ausgerichtet, ein gemeinsames Ziel zu erarbeiten.
6. Problemlösende Funktionen eines Netzwerkes
   - pooling von Know-how
   - Erleichterung von Lernprozessen durch Erfahrungsaustausch
   - Bildung von Konsens- und Kompromissstrukturen durch Transparenz der Interessen
   - gemeinsame Problemlösungsorientierung durch Vertrauen und Interessensausgleich
7. Machtstrukturen in Netzwerken durch Ressourcenkonzentration bei Akteuren (z.B. Informationen, finanzielle Mittel, Rechtsmittel)
8. Das Zusammenwirken von Akteuren im Netzwerk wird als coopertive competition oder antagonistic cooperation beschrieben.
9. Es lassen sich an der Zahl der Akteure, der Binnenstruktur der beteiligten Organisationen, am Stabilitätsgrad des Netzwerkes und der Art der Integration unterschiedliche Netzwerktypen definieren.
10. Die Interaktionslogik von Netzwerken beruht auf einer Kombination von Elementen der Ordnungsmuster des Marktes und der Hierarchie.
11. Netzwerke setzen eine eigenständige Organisation der Gesellschaft voraus, d.h. eine institutionelle Trennung von Staat, Wirtschaft und gesellschaftlichen Akteuren.
12. Selbstorganisation, Leistungs- und Handlungsfähigkeit der beteiligten Akteure und Organisationen sind eine Voraussetzung für die Funktionsfähigkeit von Netzwerken.

---

[167] Vgl. MESSNER (1997); S. 55ff.

2.2 Zur Funktion: Policy-Netzwerke als Verhandlungssystem

Es stellt sich die Frage, wie ein Netzwerk als ein institutionelles Arrangement funktioniert, wenn nicht als Markt oder als Organisation. Die polyzentrische Struktur des Netzwerkes ist dabei der maßgebende Ausgangspunkt. In Policy-Netzwerken, als lose Kooperationsformen, sind die Akteure aufgrund ihrer gegenseitigen Abhängigkeit von den jeweiligen Ressourcen aneinander gebunden, dennoch bewahren sie ein hohes Maß an Autonomie.[168] Die Interaktion dieser Akteure ist durch gemeinsame und divergierende Interessen gekennzeichnet. Das Funktionieren eines Policy-Netzwerkes ist ganz wesentlich davon abhängig, ob es gelingen wird, aus den jeweiligen Einzelinteressen und den erklärten Gemeininteressen eine Schnittmenge zu finden, die für alle akzeptabel ist. Maßstäbe und Rahmen (hier auch das erklärte Gemeininteresse) können nicht mehr von einzelnen Personen bestimmt werden. [169] Diese Umstände stellen hohe Anforderungen an die Koordinationsleistung von Policy-Netzwerken. Dieser Abstimmungsprozess der Einzelinteressen der Akteure wird dominiert vom Prinzip der Verhandlung.[170] Durch eine beschränkte Zahl der Akteure ist dies möglich. Wie oben schon ausgeführt, weisen Markt und Hierarchie Koordinationsdefizite auf, die mitunter zur Erklärung der mangelnden Steuerungsfähigkeit von Markt und Hierarchie herangezogen werden. Die Koordination in einem Netzwerk ist vom Verhandlungscharakter geprägt.[171] Die Kompromissbereitschaft der Akteure ist die Basis, welche für ein Funktionieren eines Netzwerkes vorhanden sein muss. „Der entscheidende soziale Mechanismus, der die Funktionsfähigkeit in Verhandlungssystemen gewährleistet, ist die Bereitschaft der Akteure zum Kompromiss."[172] MAYNTZ benennt vier zentrale Netzwerkregeln, die die Kompromiss- und Verhandlungslogik in Netzwerken regulieren und damit die soziale Funktionslogik von Netzwerken konstituieren.[173]

- fairer Austausch / gerechte Verteilung von Kosten und Nutzen
- Reziprozität
- Beschränkung der eigenen Handlungsfähigkeit
- Respektierung der legitimen Interessen anderer Akteure

Policy-Netzwerke stellen ein Verhandlungssystem dar, in dessen Rahmen Koordination und Kooperation nach den obigen Regeln stattfindet. Dabei ist Reziprozität ein Funktionsprinzip, in dessen Logik sich auch die anderen Regeln einordnen lassen.

---

168 Vgl. TEUBNER (1996); S. 553.
169 Vgl. MAYNTZ (1996); S. 480.
170 Vgl. MAYNTZ (1996); S. 480.
171 Vgl.. MAYNTZ (1996); S. 481.
172 MESSNER (1995); S. 284.
173 Vgl. MAYNTZ (1991).

2.2.1 Reziprozität

Die individualistische Tauschbeziehung des Marktes bekommt im Netzwerk einen reziproken Charakter. „Reziprozität setzt egoistische 'Motive in Bewegung', kanalisiert sie jedoch im Interesse der Aufrechterhaltung und Optimierung des sozialen Systems, und zwar dadurch, dass sie bei den Akteuren zusätzliche Motive zu mobilisieren vermag, sich auf eine gemeinsame Problemlösung hin zu orientieren."[174] Die Logik der Reziprozität weist folgende drei Ebenen auf:[175]

- Bewertung von Leistung und Gegenleistung,
- Zeitlichen Dimension; Reziprozität öffnet den Rahmen für eine dauerhafte soziale Beziehung zwischen den Akteuren, die gemeinsame Beziehungsgeschichte gewinnt an Bedeutung.
- Normative Basis; Vertrauen in die Stabilität einer sozialen Beziehung stellt die Grundlage für Reziprozität dar.

Dennoch bewegt sich der Interaktionsstil in einem Netzwerk zwischen Problemlösung und Bargaining (egoistische Interessenmaximierung). So ist eine angemessene Problemlösung, auch wenn alle Voraussetzungen für eine gute Verhandlungssituation gegeben sind, nicht automatisch garantiert.[176] Diese Problematik wird unter dem Begriff Verhandlungsdilemma diskutiert.

2.2.2 Verhandlungsdilemma

Das Verhandlungsdilemma lässt sich wie folgt festmachen. Der Erfolg einer Verhandlung aus wohlfahrtstheoretischer Perspektive hängt davon ab, ob sich die Akteure auf eine gemeinsame Vorgehensweise einigen können, durch welche sie ihren Nutzen maximieren wollen. Das heißt aber auch, dass sich die Akteure über eine Verteilung von Kosten und Erträgen einigen müssen. Unter der Annahme vollständiger Informationen und rationaler Akteure lassen sich diese Verteilungskonflikte theoretisch lösen. Unvollständige Informationen können in der Verhandlungspraxis zu verhandlungsstrategischen Manövern führen, die auf Eigennutz im Verteilungsstreit zielen.[177] Ein solches Verhandlungsverhalten steht jedoch einer kooperativen Einstellung bei der kreativen Suche nach insgesamt besseren Lösungen im Wege. So kann vorerst festgehalten werden, dass ebenso wie die Hierarchie auch die Verhandlung nicht grundsätzlich frei von Opportunismus ist.[178]

---

[174] MESSNER (1995); S. 288.
[175] Vgl. MAHNKOPF (1993); S.71f.
[176] Vgl. MAYNTZ (1996); S. 481.
[177] Vgl. FRIEDBERG (1995); S. 256.
[178] Vgl. SCHARPF (1996); S. 510.

Wenn nun alle Akteure aufgrund dieser Ungewissheit bezüglich des Verhandlungsverhaltens der anderen Akteure niemandem mehr über den Weg trauen würden, hätte dies zur Folge, dass auf alle Vorteile der Kooperation durch Verhandlung verzichtet werden müsste.[179] Vertrauen beinhaltet somit nicht nur das Risiko des Ausgenutzt Werdens, sondern auch die Chancen, über die Grenzen der eigenen Möglichkeiten hinaus Vorteile und Erfolge zur erzielen. „Vertrauen ist demnach die Funktionsbedingung, die erst Problemlösungsorientierung auf der Grundlage reziproker Beziehung zwischen kompromissfähigen Netzwerkakteuren erlaubt.“[180]

Neben dem Verhandlungsdilemma stellt das 'Problem der großen Zahl' ein weiteres Hindernis dar, welches die Koordination durch Verhandlung einschränkt.[181]

2.2.3 Problem der großen Zahl

Das Problem der großen Zahl bezeichnet die Schwierigkeit der Koordination durch Verhandlung, bei steigender Zahl der selbständigen Akteure und damit der steigenden Zahl der möglichen interdependenten Handlungsoptionen und der einzubeziehenden Transaktionen.[182] Das Problem der großen Zahl bezieht sich auf drei koordinationsrelevante Probleme. Zum einen geht es um die Verständigung über gemeinsame Standards (coordination by standardization) und um die Definition von Prioritäten oder Prozessen bzw. zeitliche Abstimmungen (coordination by plan).[183] In diesen beiden Fällen ist das Problem der großen Zahl noch beherrschbar, es bräuchte nur in der Anfangsphase eine intensive interaktive Koordinationsleistung.[184] Das dritte Problem betrifft Entscheidungen, die vom Verhalten anderer abhängig sind (reziproke Interdependenz). Im Gegensatz zu den anderen beiden Problemen handelt es sich hier um eine sehr enge, aufeinander bezogene Koordination, die von einem kontinuierlichen und andauernden Abstimmungsprozess bestimmt ist. Diese reziproke Interdependenz stellt hohe Anforderungen an die beteiligten Akteure.[185] MESSNER zieht daraus die Schlussfolgerung, dass die Anzahl der Akteure, unter denen komplexe interdependente Aufgaben zu koordinieren sind, möglichst zu begrenzen ist, das spricht nicht gegen das Poolen von Know-how möglichst vieler Akteure.[186] Die Qualität der Koordination in einem Verhandlungssystem kann in zwei verschiedene Kategorien gefasst werden (positive und negative Koordination).

---

179 Vgl. LUHMANN (1968); S. 58f.
180 MESSNER (1995); S. 289.
181 Vgl. SCHARPF (1996); S. 507.
182 Vgl. SCHARPF (1996); S. 509.
183 Vgl. THOMPSON (1967); S. 54ff.
184 Vgl. MESSNER (1995); S. 216.
185 Vgl. MESSNER (1995); S. 217.
186 Vgl. MESSNER (1995); S. 217f.

2.2.4 Positive und negative Koordination

Mit der **positiven Koordination** beschreibt SCHARPF die Koordination, die durch Nutzung gemeinsamer Handlungsoptionen und Ressourcen eine höhere Effektivität und Effizienz erzielt und somit eine Maximierung der Wohlfahrtseffekte ermöglicht. Mit der **negativen Koordination** fasst SCHARPF jene Handlungen zusammen, die auf eine Vermeidung von Störungen abzielen. Damit stehen die Auswirkungen externer Effekte der Tätigkeiten einzelner Netzwerkakteure bezogen auf das Netzwerk im Mittelpunkt und somit auch die Interessen der einzelnen Akteure im Netzwerk. Wohlfahrtseffekte einer erfolgreichen Negativkoordination werden als Pareto-Superior beschrieben, während die positive Koordination das Kaldor-Optimum anstrebt.[187]

Durch die dauerhafte Beziehung und durch den generalisierten Willen zur Vertrauenswürdigkeit schließen Netzwerke opportunistische Verhandlungsstrategien aus und erleichtern damit positive Koordination.[188] Die Voraussetzung ist jedoch, dass die Struktur und der Koordinationsbedarf übereinstimmen. Hier sieht SCHARPF schon eher ein Problem, auch Netzwerke weisen Veränderungswiderstände auf, da es wahrscheinlich ist, dass nicht immer alle Akteure die nötige Zustimmung für positive Koordination geben. Die negative Koordination funktioniert in Netzwerken ähnlich wie in hierarchischen Strukturen.[189] Im Ganzen geht SCHARPF davon aus, dass das Gesamtniveau der Koordination im Netzwerk wesentlich erhöht wird bzw. werden kann. Er hält es jedoch für unangemessen davon auszugehen, „dass alle oder die meisten Chancen zur Optimierung auch tatsächlich genutzt werden, oder dass alle oder die meisten Interessen gegen die negativen Externalitäten von Entscheidungen an anderer Stelle geschützt werden."[190]

---

187 Vgl. SCHARPF (1996); S. 512.
188 Vgl. SCHARPF (1996); S. 523.
189 Vgl. SCHARPF (1996); S. 523.
190 SCHARPF (1996); S. 526.

Teil 3: Aspekte zur Entwicklung einer 'Netzwerkgesellschaft'

Im Folgenden werden die oben erarbeiteten Herausforderungen moderner Gesellschaften mit Netzwerken als Potenzial für sozialen Wandel in Verbindung gebracht. Dies geschieht in zwei Argumentationslinien die einem Ansatz auf Makro- und Mikroebene entsprechen. Auf der Makroebene geht es um die Eigenschaft von Netzwerken, Wissen zu erzeugen und zu verarbeiten, auf der Mikroebene, um die Eigenschaft des Netzwerkes zur Problembearbeitung zu motivieren.

1. Netzwerke und komplexe Problemlösung durch Wissensmanagement

Wissen als eigene Steuerungsressource ist von Macht und Hierarchie nicht zu kompensieren. Die Fähigkeit Wissen zu generieren und zu binden gewinnt mit dem Wandel technischer, sozialer und gesellschaftlicher Herausforderungen an Bedeutung. Der Ansatz dieser Arbeit geht darüber hinaus, dass Netzwerke einen günstigen Rahmen für Erfahrungs- und Informationsaustausch darstellen. Wissensmanagement, eingebettet im Rahmen von Netzwerken soll ein Aspekt dafür sein, dass Netzwerke als ein Mix aus den Kompetenzen von Markt und Hierarchie durch den möglichen Gewinn an Steuerungsfähigkeit durch Wissen, zu einem Ordnungs- und Strukturprinzip moderner Gesellschaften werden können. Die Wiege des Wissensmanagements liegt in der Organisation (der Organisationsentwicklung). So soll der Begriff des Wissensmanagements auch erst im Rahmen hierarchischer Steuerung der Organisation eingeführt, und in einem zweiten Schritt auf Netzwerke übertragen werden.

1.1 Wissen

Was ist Wissen und was ist Nicht-Wissen? Grundsätzlich kann (und muss für ein gelungenes Wissensmanagement) zwischen Daten, Informationen und Wissen unterschieden werden.

Daten werden durch Beobachtung konstruiert und erzeugt, sie sind also Resultate von Beobachtungen. Das heißt, dass es keine Daten an sich gibt, sonder nur beobachtungsabhängige Daten.[191] Dabei kann nur erfasst werden, was sich in Zahlen, Sprache/Text oder in Bildern festgehalten (codieren) lässt. So würde nonverbale Kommunikation, wenn sie sich nicht in die drei Codierungsformen pressen lässt, verloren gehen. Entscheidend für das Ergebnis der Beobachtung und somit für die

[191] Vgl. WILLKE (1998); S. 7.

Daten ist die kognitive Landkarte in den Köpfen der Beobachter, sie bestimmt was gesehen wird und was nicht. Daten stellen den Rohstoff des Wissens dar.

Informationen entstehen, wenn Daten in einen ersten Zusammenhang gebracht werden, in dem relevante Unterschiede anhand von Kriterien definiert werden. Nach BATESON ist eine Information ein bedeutsamer Unterschied zwischen etwas, „a difference which makes a difference".[192] Informationen sind in einem systemischen Zusammenhang eingebunden, sie können nur systemrelativ Sinn ergeben.[193] Dies hat eine schwerwiegende Folge: Wenn Informationen systemrelativ sind, dann ist ein Informationsaustausch im wortwörtlichen Sinne zwischen zwei verschiedenen Systemen nicht denkbar. Ein Informationsaustausch ist genaugenommen ein Datenaustausch. Die jeweiligen Systeme müssen aus diesen Daten erst wieder Informationen generieren.[194] Dies ist auch die Gefahr eines 'gelungenen Informationsaustausches'. Beide Interaktionspartner gehen davon aus, dass sie auf dem gleichen Informationsstand sind und verkennen dabei die Wahrscheinlichkeit, dass die Interaktionspartner verschiedene Informationen aus den Daten generiert haben.[195] Durch die aktive Informationsgewinnung ist dies jedoch nicht garantiert, wenn nicht sogar eher Zufall.

Wissen entsteht, wenn Informationen in Erfahrungskontexte einbezogen werden, welche für die Geschichte und Genese eines Systems von Bedeutung sind.[196] Es kann grundsätzlich zwischen zwei Wissensformen unterschieden werden, zwischen personellem und organisationalem Wissen. Unter personellem Wissen wird jenes Wissen verstanden, welches an Personen gebunden ist, das auch mit den Personen dem System entzogen werden kann. POLANYI hat personelles Wissen noch einmal in implizites und explizites Wissen unterschieden.[197] Mit impliziten Wissen meint POLANYI Wissen, welches aufgrund von Erfahrung erlernt wird, Wissen im Sinne von Know-how. Dabei muss die Person nicht erklären und auch selbst gar nicht wissen was sie weiß: „that we know more than we know how to say"[198]. Explizites Wissen ist dagegen ein Wissen, von dem der oder die Wissende weiß und von dem er oder sie reden kann. Explizites Wissen ist ausgesprochenes, formuliertes und dokumentiertes Wissen.

Dahingegen steckt das organisationale oder institutionelle Wissen in den personenunabhängigen, anonymisierten Regeln, welche die Operationsweise des Sozial-

---

[192] BATESON (1972); S. 453.
[193] Vgl. WILLKE (1998); S. 8.
[194] Vgl. WILLKE (1998); S. 9.
[195] Das Kommuniktaionsmodell von SCHULZ VON TUHN stellt eine Möglichkeit dar, die Dateninterpretation zu analysieren, vgl. SCHULZ VON TUHN (1990); S. 25ff.
[196] Vgl. WILLKE (1998); S. 11.
[197] Vgl. POLANYI (1958).
[198] Vgl. POLANYI (1958); S. 12.

systems definieren. Auf verschiedene Dimensionen und der Beschaffenheit des Wissens in wissensbasierenden Systemen wird im Rahmen des Wissensmanagements noch näher eingegangen.

Der hier gewählte Wissensbegriff ist relativ speziell definiert. In einer allgemeinen Definition wird Wissen aus epistemischer Logik als ein fundierter Glaube von etwas, welches der Fall ist gefasst. Hier kommt es auf die Begründung der Annahmen (des fundierten Glaubens) an.[199] Mit dieser allgemeinen Definition wäre eine Trennung zwischen Information und Wissen nicht möglich, im Rahmen des Wissensmanagements ist diese Unterscheidung jedoch hilfreich.

1.2 Wissen und Netzwerke

Aus der ökonomischen Perspektive stellen Netzwerke ein schnelles Zugangsmittel zu Informationen und Know-how dar, welches innerhalb der Organisation nicht produziert werden kann. Informationen sind dichter als auf dem Markt und ihre Kommunikation ist freier als in der Hierarchie.[200] Dabei ist es die Strategie von Unternehmen, „sich durch Reduzierung der **Wertschöpfungstiefe** auf die eigenen Kernkompetenzen zu konzentrieren und die Stärken anderer spezialisierter Unternehmen über den Aufbau strategischer Netzwerke zu nutzen."[201] Netzwerke werden in den Bereichen bevorzugt entstehen, in denen sich Wissen oder besondere Fähigkeiten nicht zur monopolistischen Kontrolle eignen.[202]

Aus einer umfassenderen Perspektive spricht GIDDENS von Expertensystemen. Wenn differenzierte, funktionale Teilsysteme eine Spezialisierung von einzelnen Handlungen, von Funktionsrollen und eine spezifische Gebildegröße (Institution, Organisation) aufweisen, haben sie den Charakter von Expertensystemen.[203] Expertensysteme sind „Systeme technischer Leistungsfähigkeit oder professioneller Sachkenntnis, die weite Bereiche der materiellen und gesellschaftlichen Umfelder, in denen wir heute leben, prägen."[204] Expertensysteme als abstrakte Institutionen, die aus inkorporiertem, hochspezialisiertem Wissen (Recht, Medizin, Technik) bestehen, werden durch 'Professionelle' nach außen verkörpert. Sie bilden die „Vermittlungsstellen zwischen den handlungsprägenden Ebenen in Teilsystemen und individuell-rationalen Kalkülen von Akteuren in Teilsystemen"[205]. Professionen sind „Berufe mit

---

199 Vgl. RUNGGALDIER (1984); S. 237.
200 Vgl. POWELL (1996); S. 225.
201 BACKHAUS/MEYER (1993); S. 330.
202 Vgl. POWELL (1996); S. 223.
203 Vgl. MAYNTZ (1988); S. 47f.
204 Vgl. GIDDDENS (1996); S. 40.
205 Vgl. BRAUN (1993); S. 211.

einer besonders starken Systematik des Wissens und einer ausgeprägten Kollektivorientierung."[206]

1.3 Wissensmanagement

Das Hauptproblem ist, wie sich 'professionelles' Wissen wirksam machen lässt, obwohl dieses Wissen grundsätzlich vorläufig, reversibel, hypothetisch, beobachterabhängig, insgesamt also relativistisch gehalten werden muss. Mit dem Wissensmanagement als ein Element aus dem Zusammenhang gesellschaftlicher, organisationaler, technologischer und individueller Faktoren wird versucht, diesem Problem zu begegnen. Eine zentrale Bedingung zum Wissensmanagement ist die Fähigkeit zur Selbstreferenz sozialer Systeme.[207] Dabei kommt es auf die Konstitution des Systems durch Kommunikation, welche sich auf sich selbst (auf das System) beziehen kann, an. In Bezug auf die drei dargestellten Netzwerktheorien im zweiten Teil, ist der Netzwerkansatz von TEUBER, der Netzwerke als emergente, selbstreferentielle, autopoietische Systeme versteht, eine notwendige Bedingung (Ausgangspunkt) um Wissensmanagements in Netzwerke einführen zu können.

1.3.1 Wissensmanagement in Organisationen

Im Rahmen von Organisationen beschreibt Wissensmanagement „die Gesamtheit organisationaler Strategien zur Schaffung einer >>intelligenten<< Organisation."[208] Die Gesamtheit der organisationalen Strategien beziehen sich dabei auf:

- Personen: das organisationsweite Niveau der Kompetenzen, Ausbildung und Lernfähigkeit.
- Organisation: als System zur Schaffung, Nutzung und Entwicklung kollektiver Intelligenz und eines >>collective mind<<.
- Infrastruktur: das ob und wie der Nutzung einer Kommunikations- und Informationsstruktur.

Die Möglichkeit der Beeinflussung der Personen und der Infrastruktur sind für ein Wissensmanagement sehr begrenzt. Das Hauptaugenmerk liegt somit auf der Gestaltung der kollektiven Intelligenz.

WILENSKY stellt Eigenschaften qualitativ hochwertiger Expertisen heraus.[209] Damit die, in einer Expertise enthaltenen Informationen nicht den Charakter bloßen Faktenwissens haben, müssen sie klar, vertrauenswürdig / zuverlässig, adäquat, rechtzeitig, gültig und in einem gewissen Rahmen verallgemeinerbar sein.

---

206 Vgl. BRAUN (1993); S. 211.
207 Vgl. WILLKE (1998); S. 31.
208 WILLKE (1998); S. 39.
209 Vgl. WILENSKY (1967); S. 8f.

Wissensmanagement hat zum Ziel, aus den individuellen Expertisen der Mitglieder einer Organisation organisationales kollektives Wissen zu generieren. Dabei müssen einige Probleme überwunden werden, so muss hochgradig verteiltes Wissen an den Ort zusammengeführt werden, an dem Entscheidungen gefällt werden. Dabei kann lokale Loyalität Kooperation und Informationsaustausch erschweren und irreführende oder irrelevante Informationen ohne Zusammenhang produzieren. Das Dilemma des Wissensmanagements besteht darin, dass einerseits der Bedarf an Wissen, Wissensbasierung, wie auch Infrastrukturen und Technologien des Wissenstransfers ansteigen, andererseits die zunehmende Komplexität organisatorischer Realität (durch Differenzierung, Spezialisierung und lokale Autonomie) immer schwieriger macht, erforderliches Wissen zu aktivieren und koordinieren.[210]

Wissensbasierte Systeme stellen eine Kombination des Wissens der Personen und der Organisation dar, wobei diese Kombination einen 'losen' Charakter hat und sie sich nicht zwangsläufig bedingen. Das bedeutet, dass hochqualifizierte Personen auch in nicht intelligenten Organisationen tätig sein können und umgekehrt. Da soziale Systeme als kollektive Akteure handeln können,[211] kann daraus geschlossen werden, dass diesem kollektiven Handeln eine kollektive oder korporative Wissensbasis zugrunde liegt.[212] Der Gehalt des kollektiven Wissen ist nicht durch den Inhalt der einzelnen 'Wissenseinträge' geprägt, sondern durch die Verknüpfungsmuster zwischen den einzelnen Wissenselementen. „Die Verknüpfungen selbst konstituieren das eigenständige kollektive oder systemische Wissen der Organisation."[213]

Der Übergang von personellem zu organisationalem Wissen lässt sich in zwei Stufen fassen, die sich unmittelbar aus der Art des kollektiven Wissens erklären. Der erste Schritt ist die Relationierung der einzelnen Elemente, die durchaus auch sehr einfach sein können. Eine intelligente Relation der Elemente kann jedoch nur auf ein Ziel hin, dem Organisationszweck verwirklicht werden. Dieses setzt definierte Organisationsziele voraus, das heißt auch, dass organisationales Wissen nicht zum Selbstzweck werden kann, da so der Bezugspunkt fehlen würde. Eine Bewertung was eine gute oder weniger gute Relation von 'Elementen' ist (trennen von Sinn und Unsinn), ist nicht ohne Organisationsziele möglich. In einem zweiten Schritt lösen sich die Muster und die Tätigkeiten von den Menschen insoweit, dass sich Kommunikationen und zurechenbare Handlungen als Elemente über Regelsysteme frei und flexibel in Beziehung bringen lassen. Diese freie und flexible Relationierung von Kommunikation und Tätigkeiten macht es z.B. der NASA möglich, sieben Millionen Seiten (30 CD-ROMs oder 3 DVDs) Informationen über die Energieversorgung in

[210] Vgl. WILLKE (1995); S. 288.
[211] Vgl. LUHMAN (1984); S. 279ff.
[212] Vgl. WILLKE (1995); S. 293.
[213] WILLKE (1995); S. 295.

ihrer neuen Raumstation zum einen zusammenzustellen, zum anderen aber auch wieder zugänglich und nutzbar zu machen.[214] Es ist offensichtlich, dass Menschen ohne intelligente Systeme diese Leistungen nicht vollbringen könnten. So ist der Mensch, sofern er die Leistungen von intelligenten Systemen in Anspruch nehmen will, auf eben diese angewiesen.[215] Diese Abhängigkeit besteht aber auf beiden Seiten. Bei all dem, was ein soziales System leisten kann, ist nur der Mensch in der Lage, neues Wissen zu schaffen. Zudem kann nur formulierbares Wissen relationiert werden, d.h., dass implizites Wissen nicht in die Organisationsstruktur eingelassen werden kann. Somit bleibt zumindest ein Teil des Know-how an Personen gebunden und zwar nicht nur an die Rolle der Person in der Organisation, sondern auch an die Person als Individuum, dessen persönliche Geschichte als die Basis von Know-how somit relevant ist. Hinzu kommt, dass Organisationen keine brauchbaren Sensoren wie Augen und Ohren haben, somit können sie ihre eigene Wissensbasis nur mit Hilfe des Menschen erstellen.[216]

In diesem symbiotischen Verhältnis von Organisation und Mensch ist die Organisation dem Menschen bezüglich ihrer Gestaltungsfähigkeit dicht auf den Fersen. Durch die Bildung von Regeln, welche sich auf die Erzeugung und Verwendung von Regeln beziehen, wächst die systemische Autonomisierung der Verwendung von Wissen. Durch diesen Selbstbezug auf das organisationale Wissen weiß die Organisation, was sie weiß.[217]

Mit diesem reflexiven Bezug ist die 'Tür zum organisationalen Lernen geöffnet'. Im Wechselspiel zwischen Individuum und Organisation findet eine Veränderung der Wissensbasis der Organisation statt, welche sich aus der Bezugnahme der Interaktion von Individuum und Organisation auf die in der Organisation existierenden Handlungstheorien ergibt, und so zu einer erhöhten Problemlösungsfähigkeit des Systems beitragen kann.[218] Organisationales Lernen, wie auch das einfache Funktionieren einer Organisation als solches, unterliegt einer Systemzeit. Nach einer kurzen Anlaufzeit erzwingen soziale Systeme eigene Termine, Fristen und Prozesszeiten, ohne dabei Rücksicht auf ihre Mitglieder zu nehmen.[219] Die Synchronisierung und Diachronisierung sind so ein notwendiger Bestandteil des Wissensmanagements. In der folgenden Tabelle werden auf fünf systemtheoretisch relevanten

---

214 Vgl. WILLKE (1998); S. 371.

215 Dabei muss es nicht nur um den Weltraum gehen, dies trifft auch auf große Systeme wie die Medizin, Recht, Umweltschutz etc zu.

216 Vgl. WILLKE (1995); S. 301; WILLKE vertritt jedoch die Auffassung, dass die Systemabhängigkeit von Personen nicht durch die Abhängigkeit von den Individuen gekennzeichnet ist.

217 Vgl. WILLKE (1995); S. 298f.

218 Vgl. PAWLOWSKY (1992); S. 204.

219 Vgl. WILLKE (1995); S. 303.

Dimensionen, die entsprechenden Wissensformen und das entsprechende Systemproblem als Aufgaben des Wissensmanagements einander zugeordnet.

Dimension	Wissensform	Systemproblem
sozial	Personenwissen	human-ressources Management
sachlich	Strukturwissen	Restrukturierung
zeitlich	Prozesswissen	Prozessoptimierung
operativ	Projektwissen	Integration von Expertise
kognitiv	Steuerungswissen	Erfindung von Identität

Tabelle 5: Dimensionen des Wissensmanagements (Quelle: WILLKE 1995; S. 329)

1.3.2 Wissensmanagement in Netzwerken

Das Wissensmanagement in Organisationen kann aufgrund der verschiedenen Steuerungsstrukturen von Netzwerk und Organisation (siehe Teil 2) nicht direkt auf ein Netzwerk allgemein übertragen werden. Für Policy-Netzwerke ist das weniger problematisch, sie stellen ein Zusammenschluss aus verschiedenen Organisationen und Institutionen dar. Die Lösung soll hier durch strukturelle Kopplung der Organisationsstruktur herbeigeführt werden.

Wie der obigen Tabelle zu entnehmen ist, gibt es fünf Dimensionen des Wissensmanagements, darunter auch die sachliche Dimension, die sich dem organisationalen Strukturwissen zuordnen lässt. Wissensmanagement manifestiert sich am deutlichsten in den Strukturformen, damit sind im weitesten Sinne die Art der Relationen der Elemente einer Organisation gemeint.[220] Von der Struktur lassen sich im wesentlichen fünf verschiedene Organisationsformen unterscheiden.

- funktionale Organisation
- Matrix Organisation
- regionale Organisation
- Sparten Division
- **strategische Einheiten**

Den strategischen Einheiten oder auch strategischen Netzwerken, sind die Unternehmens- oder producer networks zuzurechnen.[221] Ein typisches Beispiel für strategische Einheiten sind Lieferantennetzwerke. Durch Ausgliederung (Reduzierung der

---

[220] Vgl. WILLKE (1995); S. 319.
[221] Vgl. BACKHAUS/MEYER (1993); S. 333.

Wertschöpfungstiefe) und Spezialisierung werden Wettbewerbsvorteile und Wertschöpfungssteigerung verwirklicht. Kennzeichnend für diese Netzwerke ist das auf dem Markt erscheinende, gemeinsame Produkt.[222] Der Ausgangspunkt dieser Netzwerke ist, dass der Produktionsprozess eines Produktes, welches einst in einem Unternehmen hergestellt wurde, sich im Laufe der Zeit so differenziert hat, dass die nun entstandene Einheit ein Netzwerk von verschiedenen, autonomen Unternehmen darstellt.[223]

Der hierarchische Charakter strategischer Netzwerke mag durchaus sehr ausgeprägt sein. Der entscheidende Aspekt ist jedoch, dass in diesen Netzwerken einzelne, autonome Strukturen als eine Einheit gemeinsam ein wissensbasiertes Produkt entwickeln (z.B. ein Auto). Dieses wird durch strukturelle Kopplung der autonomen Systeme realisiert. Im Bereich der Unternehmens-Netzwerke oder Lieferanten-Netzwerke sind strukturelle Kopplung durch die gemeinsame Entwicklung der Strukturen und der Produkte leichter möglich und realisierbar als in Policy-Netzwerken, dies spricht jedoch nicht dagegen, dass in Policy-Netzwerken eine strukturelle Kopplung nicht auch möglich sein könnte. Die strukturelle Kopplung in einem Policy-Netzwerk bezieht sich auf die Organisationen oder Institutionen, welche von den Akteuren des Netzwerkes vertreten werden.

Strukturelle Kopplung ist systemtheoretisch relativ einfach zu fassen. „Strukturelle Kopplung erklärt die „Übereinstimmung" von System und Umwelt, oder verschiedenen Systemen."[224] Das System rekonstruiert die Umwelt in der eigenen Struktur. Von dieser Struktur ist abhängig, was das System von seiner Umwelt wahrnehmen kann und was nicht. Nach KRIEGER können zu dieser Umwelt auch andere Systeme zählen. Hier gelten die gleichen Regeln wie bei der Umwelt, ein System bildet den für sich relevanten Teil eines anderen System nach. Das heißt, dass eine Gruppe von gekoppelten Systemen jeweils eine unterschiedliche und systemeigene Vorstellung (Abbild/Rekonstruktion) voneinander haben. Das bedeutet nicht, dass das gesamte andere System abgebildet werden muss, es reicht wenn der für ein System relevante Teil des anderen Systems, abgebildet wird. Siehe hierzu Abbildung 3. Die Organisationsgrenzen im Policy-Netzwerk stellen die wechselseitige, komplementäre Strukturanpassung oder strukturelle Kopplung einzelner Organisationen dar. Das Innere der Mitgliedsorganisationen wie einzelne Abteilungen, Arbeitsvorgänge etc. kann für die anderen Netzwerkteilnehmer als black box betrachtet werden (hier als die Flächen der Formen dargestellt).

---

222 Vgl. BACKHAUS/MEYER (1993); S. 330.

223 Über die Autonomie dieser Unternehmen lässt sich streiten, da in der Literatur in der Regel von einer „hub firm" als Zentrale ausgegangen wird. Vgl. BACKHAUS/MEYER (1993); S. 333.

224 KRIEGER (1996); S. 40.

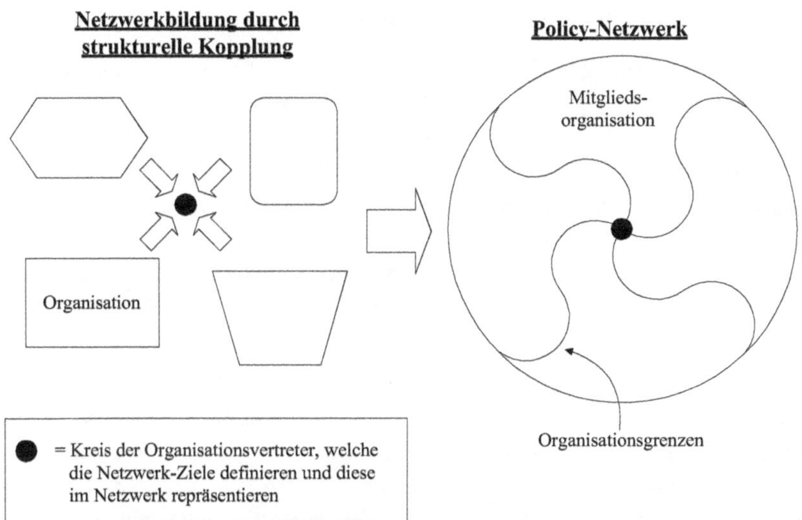

Abbildung 3: Strukturelle Kopplung der Organisationen im Policy-Netzwerk

Im Rahmen von Policy-Netzwerken bedarf es durchaus eines höheren Koordinationsaufwandes, wenn es darum geht, unabhängig entwickelte Systeme (sich mehr oder weniger fremde Systeme) strukturell zu koppeln, als in einem Unternehmensnetzwerk, wo sich die Systeme produktorientiert, gemeinsam entwickelt haben. Die Schwerfälligkeit mancher Policy-Netzwerke, bspw. mancher regionaler Agenda-Tische, dem Bündnis für Arbeit, den Konsensgesprächen im Atomausstieg oder dem internationalen Umweltgipfel könnten unter anderem auch auf die Schwierigkeiten struktureller Kopplung zurückzuführen sein. Festzuhalten bleibt, dass wissensbasierte Policy-Netzwerke oder Wissensmanagement in Policy-Netzwerken durch strukturelle Kopplung möglich ist. In Verbindung mit den Eigenschaften des Informationsaustausches und der Kommunikation sind Netzwerke im Besonderen geeignet, Wissen als Steuerungsressource zu nutzen und zu entwickeln. In dieser Arbeit wird davon ausgegangen, dass die Fähigkeit oder Möglichkeit von Netzwerken, Wissen als Steuerungsressource zu nutzen, ein Aspekt für die Strukturierung moderner Gesellschaften durch Nerzwerke ist.

1.4 Wissen als Steuerungsressource

Geld und Macht als etablierte und auch zivilisierte[225] Steuerungsmedien geraten zunehmend in den Sog der Steuerungslogik des Wissens, welches noch weitestgehend unkontrolliert geblieben ist. Hierarchie und Macht können zudem auch dort kontraproduktiv wirken, wo die Lösungen der Probleme von neuen Ideen, Konzeptionen und Sichtweisen abhängen und wo der Prozess der Problembearbeitung nur gelingt, wenn dosierte Regelverstöße, Heterogenität und Widerspruch im Rahmen des sozialen Systems eine Chance haben. Hier übernimmt Wissensmanagement eine Mediationsfunktion.[226] „Wissen wird zur Ressource und Legitimation sozialen Handelns."[227]

Ein wesentlicher Unterschied von Kapital und Wissen begründet sich in ihrem Grenznutzen.[228] Kapitalisierte Güter besitzen die Eigenschaft des abnehmenden Grenznutzens, Wissen hingegen besitzt die Eigenschaft des zunehmenden Grenznutzens. „Über je mehr Expertise eine Person, eine Gruppe oder eine Organisation verfügt, desto mehr Nutzen kann sie aus zusätzlicher Expertise ziehen."[229] In der folgenden Tabelle soll der Aspekt des zunehmenden Grenznutzens des Wissens verdeutlicht werden.

Dimension	Kosten der Verteilung	Nutzen des Austausches	Folgen der Teilung
Kapital	maximal	abnehmender Grenznutzen	Verlust durch Reduktion
Wissen	minimal	zunehmender Grenznutzen	Gewinn durch Kombination

Tabelle 6: Hauptunterschiede zwischen Kapital und Wissen

(Quelle: WILLKE 1998; S. 62.)

Das Steuerungspotenzial des Wissens liegt im wesentlichen im Reflexionswissen des Systems über ihre Identität und ihrer Ziele. Über die Reflexion von Identität und Zielen kann das System Expertise beurteilen und dementsprechend auf das Systemdesign hinwirken.[230] Alle für das Problem relevanten Aspekte bis hin zu ge-

---

225 Mit zivilisierten Steuerungsmedien ist gemeint, dass die Steuerung durch Markt und Hierarchie gewissen Regeln unterworfen ist, während für die Steuerung durch Wissen noch keine vorhanden sind.

226 Vgl. WILLKE (1998); S. 65 u. 376.

227 bmb+f (1998); S. 5.

228 Vgl. WILLKE (1998); S. 61.

229 WILLKE (1998); S. 61.

230 Vgl. WILLKE (1995); S. 328.

meinsamen Visionen[231] sind Komponenten eines systemischen Zusammenhangs und können durch Expertisen unterstützt werden. Die Transformation des Wissens zu einer relevanten Steuerungsressource geht einher mit dem Wandel der Orientierung von traditionellem zu neuem Wissen.[232] Kennzeichnend ist auch der systematische Umgang mit Wissen. „Problemlösung durch Wissen wird zu Prinzip."[233] So definiert auch STEHR Wissen als „Fähigkeit zum sozialen Handeln" und als „Möglichkeit, etwas in Gang zu setzen".[234] „Wissen wird als die prägende Kraft für das menschliche Handeln und damit für die Gesellschaft in den Mittelpunkt gerückt."[235] An diesen Aspekten entzündet sich auch die Diskussion um die Entwicklung zur Wissensgesellschaft, eingeleitet durch den Durchbruch der Kommunikationstechnologien (welcher auch mit dem Begriff der dritten industriellen Revolution diskutiert wird).[236]

Ohne näher auf die Diskussion der Wissensgesellschaft einzugehen, sei an dieser Stelle noch einmal auf die Theorie der Risikogesellschaft als Wissenstheorie BECKs hingewiesen. Nach BECK entwickelt sich die Industriegesellschaft durch Wissen, welches aufgrund von Selbstreflexion gewonnen wird, zur Risikogesellschaft. Dieser Aspekt auf der Makroebene lässt sich auch auf der Mikroebene wiederfinden. Wissensbasierte, durch Selbstreflexion selbstlernende Systeme setzen mit ihren Leistungen Meilensteine auf den Weg zur Wissensgesellschaft, freilich hat der Begriff der Wissensgesellschaft eine andere Konnotation als der der Risikogesellschaft, der Aspekt des reflexiven Wissens als der 'springende Punkt' scheint jedoch vergleichbar.

Um die Steuerungsrelevanz des reflexiven Bezugs auf Wissen oder Vorstellungen oder Zieldefinitionen aufzuzeigen, braucht es keiner großen Systeme. So ist z.B. die Veränderung der Institution Familie von den Vorstellungen der Rollen von Männern und Frauen, von der Stellung der Familie in der Gesellschaft, vom Wechsel der sexuellen Sitten etc. reflexiv durchdrungen. „Ehe und Familie wären nicht das, was sie heute sind, wenn sie nicht durch und durch >>soziologisiert<< und >>psychologisiert<< wären."[237] Auf dem Börsenparkett sind ähnliche Dinge zu beobachten. Die Aussagen eines Analysten über den Stand und die Erfolgswahrscheinlichkeit eines Unternehmens, können großen Einfluss auf das Verhalten der Anleger ausüben. Spezielle Produktinformationen verändern das Kaufverhalten (z.B. BSE), etc. Es

[231] Mit Vision ist nicht einfach eine Idealvorstellung der Organsiation gemeint. „Sie soll der systemspezifische Entwurf einer zukünftigen Ausprägung der Welt sein, in welcher die Organisation sich als gestaltender, strategischer Akteur sieht." WILLKE (1998); S. 69.

[232] Vgl. WILLKE (1995); S. 247.

[233] bmb+f (1998); S. 9.

[234] Vgl. STEHR (1994); S. 208.

[235] bmb+f (1998); S. 9.

[236] Vgl. CERNY (1998); S. 277.

[237] GIDDENS (1996); S. 60.

ließen sich unzählige Beispiele finden, bei denen das Erscheinen oder Vorhandensein von Wissen Veränderungen und Wandel zur Folge hat. Es ließe sich streiten, ob es sich in den jeweiligen Fällen tatsächlich um Wissen handelt oder nicht. Doch betrachtet man Wissen wie oben definiert als systemrelativ, ist für das System der Familie die Vorstellung von Familie als Richtwert durchaus als Wissen zu betrachten. Ob es sich im jeweiligen Fall um gutes Wissensmanagement handelt ist eine andere Frage. Worauf es hier ankommt, ist die auf eine Handlung bezogene, reflexive Aneignung von Wissen.

Bezüglich eines Paradigmenwechsels zur Wissensgesellschaft hält der Delphi-Bericht fest: „Die Wissensgesellschaft der Zukunft wird durch offene Strukturen gekennzeichnet sein."[238] Die Entwicklung zu einer Wissensgesellschaft mit offenen Strukturen könnte nach der hier verfolgten Argumentation zu einer durch Netzwerke strukturierten Gesellschaft realisiert werden.

1.5 Vom Netzwerk zur 'Netzwerkgesellschaft'

Aus der Perspektive von Policy-Netzwerken als ein Netz strukturell gekoppelter Organisationen und der Verfügung über Wissen als Steuerungsressource, kann in einem weiteren Schritt ein Entwurf für die Struktur einer 'Netzwerkgesellschaft' konstruiert werden. Das Policy-Netzwerk in der Konstitution wie es oben beschrieben ist (siehe Abbildung 3) stellt die Basis für die Struktur einer 'Netzwerkgesellschaft' dar. Die Anknüpfung der einzelnen Netzwerke an eine 'Netzwerkgesellschaft' geschieht über die einzelnen Mitgliedsorganisationen (dies sind die Flächen in der Abbildung 4).

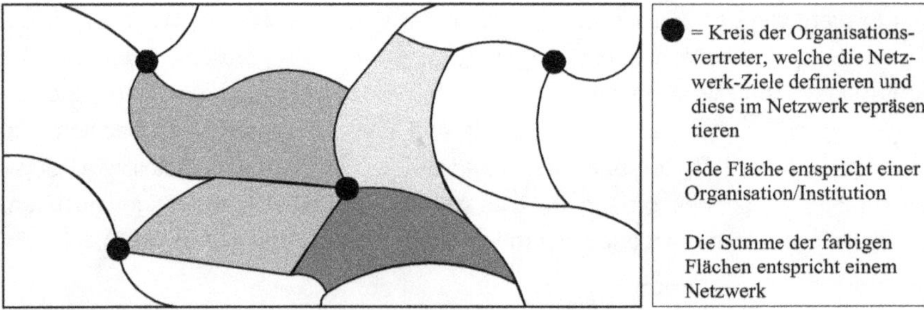

Abbildung 4: Entwurf einer durch Netzwerke strukturierten Gesellschaft

238 bmb+f (1998); S. 111.

Die einzelnen Organisationen haben in der Gesellschaft mehr als nur einen Bezugspunkt. Themen wie Arbeit, Jugend, Gesundheit, Umweltschutz, Sicherheit etc. können mit verschiedenen inhaltlichen Schwerpunkten Organisationen wie Gewerkschaften, Ministerien, Umweltschutzorganisationen, Unternehmen und einer Vielzahl von Verbänden zugeordnet werden. Eine adäquate Bearbeitung der Problemfelder in den einzelnen Themen lässt sich nicht mehr von einer einzelnen Organisation oder Institution bewerkstelligen. Die Beteiligung einer Organisation oder Institution an der Lösung von Problemen im Rahmen von Netzwerken zu mehreren Themenfeldern ergibt ein Ineinandergreifen oder Überlappen verschiedener Netzwerke (siehe Abbildung 4). Um jeden schwarzen Punkt als Fokus und Kern eines Netzwerkes kann durch die außenliegenden Grenzen der beteiligten Organisationen das Netzwerk abgegrenzt werden. In der obigen Grafik stellt die Summe der farbigen Flächen (Organisationen) ein Netzwerk dar. Gleichzeitig können mit den jeweiligen Organisationen auch andere Netzwerke um andere Netzwerkkerne dargestellt werden. Entscheidend für diese Vielfachzuordnung der Organisationen ist, dass die Identität der einzelnen Netzwerke dennoch gewahrt bleibt und nicht mit den anderen Netzwerken zusammenfällt. Auf diesem Weg ist auch die Vielfachzurechnung von Nutzen, wie es TEUBNER (im zweiten Teil) als einen Effizienzvorteil von Netzwerken beschrieben hat, möglich. Bei dieser Konstruktion einer 'Netzwerkgesellschaft' öffnen sich unzählige informelle Wege der Informationsweitergabe, was jedoch aus der Perspektive von Legitimität und Datenschutze auch ein Problem darstellen kann.

2. Handlungsmotive der Akteure im Netzwerk

Im Sport kennen wir die Philosophie: Dabei sein ist alles! Aber wir sind nicht beim Sport und unsere Erfahrungen aus dem Alltag raten uns eher zur Skepsis: Was ist, wenn morgen ein Netzwerk gegründet würde und keiner ginge hin?

Für viele Probleme, mit denen sich die Menschheit auseinandersetzt, wurden theoretisch schon plausible Lösungen gefunden, doch die Erfahrung zeigt, dass ein guter Lösungsansatz noch lange nicht heißt, dass er auch umgesetzt wird.[239] Im folgenden Teil soll es darum gehen, warum ein Mensch ein Netzwerk für die Umsetzung seiner Anliegen einem Nicht-Netzwerk vorziehen könnte, kurz: Was motiviert den Menschen zur Arbeit im Netzwerk.

---

239 Siehe das Beispiel der QWERT-Tastartur aus dem ersten Teil. Der Grüne Punkt als Recyclingkonzept, Konzepte für Öffentlichen Personennahverkehr (z.B. Jobticket in Göttingen) sind weitere Beispiele.

2.1 Motivation

Motivation ist wissenschaftlich gesehen ein reines Konstrukt, das nicht direkt beobachtbar und nicht messbar ist.[240] Daraus folgt, dass zur Untersuchung ein Modell der Motivation konstruiert werden muss. Motivation soll hier als eine aktivierende Ausrichtung von Handlungen auf einen positiv bewerteten Zielzustand definieren werden.[241] Als ein Aktivitätszusammenhang des Strebens ergibt sich Motivation aus dem Handlungsziel und dem Handlungsursprung.[242] Der Handlungsursprung lässt sich nach MASLOW an fünf Bedürfnissen fest machen.[243]

1. physiologische Bedürfnisse,
2. Sicherheitsbedürfnisse
3. soziale Bedürfnisse (Zugehörigkeit, Liebe, Freundschaft)
4. Ego-Bedürfnisse (Selbstwertgefühl, Prestige)
5. Selbstverwirklichung (Realisierung persönlicher Fähigkeiten)

Die von Maslow festgehaltenen Handlungsursprünge sind theoretisch gut überschaubar, empirisch jedoch nicht handhabbar. Umgekehrt verhält es sich mit den Handlungszielen. Eine halbwegs umfassende Systematisierung möglicher Handlungsziele ist geradezu undenkbar, da theoretisch alles zum Ziel einer Handlung werden kann. Durch Einschränkung der Perspektive können die Handlungsziele jedoch gut ausgemacht und empirisch erfasst werden. Die Tätigkeit in einem Netzwerk soll weitestgehend als Arbeitszusammenhang betrachtet werden. In diesem Zusammenhang sollen die Faktoren, die für eine Zufriedenheit oder Unzufriedenheit bei der Arbeit relevant sein können, untersucht werden. Dabei wird davon ausgegangen, dass die Zufriedenheit mit einer Arbeit gleichzeitig auch die Motivation zur Arbeit darstellt.

Es lassen sich zwei unterschiedliche Faktoren der Arbeitszufriedenheit feststellen. Zum einen sind es Faktoren, welche nicht die Arbeit direkt, sondern das Arbeitsumfeld beschreiben (z.B. Arbeitsbedingungen, zwischenmenschliche Beziehungen, Überwachung etc.). Diese Faktoren nennt HERZBERG auch 'Hygiene Faktoren'.[244] Wenn sich Defizite in diesen Faktoren feststellen lassen, kann in aller Regel von Unzufriedenheit mit der Arbeit ausgegangen werden.[245] Die andere Ebene der Faktoren bezieht sich direkt auf den Arbeitsinhalt. Diese Motivatoren werden auch als

---

240 Vgl. VOLLMERS (1999); S. 12.
241 Vgl. RHEINBERG (1999); S. 191.
242 Vgl. VOLLMERS (1999); S. 11.
243 Vgl. MASLOW (1954); S. 80ff. Empirisch konnte jedoch nur zwischen existentiellen, biologischen und sozialen Grundbedürfnissen (MASLOW 1, 2 teilweise 3, 4) und den höheren nicht existentiellen Bedürfnissen (MASLOW 5 teilweise 3, 4) unterschieden werden. Vgl. HILL/FEHLBAUM/ULRICH (1994); S. 69.
244 Vgl. HERZBERG (1959) in: HILL/FEHLBAUM/ULRICH (1994); S. 70.
245 Vgl. HILL/FEHLBAUM/ULRICH (1994); S. 70.

Leistungsbedürfnisse[246] bezeichnet, wie z.B. die Freude an der Übernahme persönlicher Verantwortung für Problemlösung und Entscheidungen oder die Tendenz, sich anspruchsvolle, aber realistische Ziele zu setzen und kalkulierte Risiken einzugehen, sowie den Wunsch, konkrete Feedbacks über die Auswirkungen ihrer Handlungen zu erhalten.

Im folgenden soll ein möglicher Einfluss von Netzwerken auf die Motivation zur Arbeit untersucht werden. Zu diesem Zweck werden Netzwerke als ein Handlungsrahmen beschrieben, in dem Handlungsursprung und -ziel identifiziert werden sollen.

2.2 Der Handlungsrahmen im Netzwerk

Der Fokus auf den handelnden Akteur im Netzwerk umfasst drei wesentliche Aspekte, welche den Handlungsrahmen darstellen. Zum einen ist ein Netzwerk nie zweckfrei, es widmet sich einer Aufgabe, einem Thema. Im weiteren finden sich Netzwerke aufgrund der Einsicht zusammen, dass alle an einem Thema engagierten oder involvierten Akteure auch gleichzeitig Teil des Problems oder der Problemlösung sind (z.B. notwendiger Informationsaustausch). Das heißt, das Problemlösungspotenzial liegt in der Gruppe. Der dritte Aspekt sind die Motive des handelnden Akteurs selbst, bspw. seine Bedürfnisse. Der handelnde **Akteur** wendet sich in der Bearbeitung eines **Themas** an ein **Netzwerk**. Diese drei Aspekte lassen sich mit der Themen-zentrierten Interaktion (TZI) von COHN[247] analysieren.

2.2.1 Themenzentrierte Interaktion

Die Themenzentrierte Interaktion (TZI) ist der humanistischen Psychologie zuzurechnen. Sie geht von einem positiven Menschenbild aus und versucht dabei eine ganzheitliche Betrachtungsweise (der Mensch als Einheit aus Körper, Geist und Seele) einzunehmen. COHN stellt ihrem Ansatz drei Axiome vorweg:

- „Der Mensch ist eine psychologische Einheit und ein Teil des Universums. Er ist darum autonom und interdependent."
- „Ehrfurcht gebührt allem Lebendigen; das Humane ist wertvoll."
- „Freie Entscheidung geschieht innerhalb bedingender innerer und äußerer Grenzen; Erweiterung dieser Grenzen ist möglich [...] Bewusstsein unserer universellen Interdependenz ist die Grundlage humaner Verantwortung."[248]

Mit dem ersten Axiom wird eine systemische Perspektive eingeführt. COHN betrachtet den Menschen als ein für sich autonomes System, welches gleichzeitig wieder Subsystem eines größeren Zusammenhanges ist. Sie betrachtet beide Systeme als

---

246 Vgl. MCCELLAND (1964) in: HILL/FEHLBAUM/ULRICH (1994); S. 70.
247 Vgl. COHN (1975).
248 COHN (1979); S. 876.

emergente Einheiten. „Der Einzelne ist eine Ganzheit, die mehr ist als die Summe ihrer Teile. Und er ist selbst Teil und Anteil einer Gemeinschaft, die mehr ist als die Summe aller Einzelnen."[249] Aufgrund dieser beiden Annahmen der systemischen Interdependenz und der ganzheitlichen Sichtweise des Menschen, entwickelte COHN die TZI als eine Methode zum lebendigen Lernen.

Als Bezugspunkt dieser Methode beschreibt COHN einen Handlungsrahmen, das sog. TZI-Dreieck. In diesem Dreieck ordnet sie **Ich**, **Wir** und **Thema** einander zu. Sie sind eingebettet im **Globe** (vgl. folgende Abbildung linker Teil). Als **Ich** bezeichnet COHN alle Aspekte, die sich auf die individuelle Person beziehen, wie ihre Wünsche, Absichten, ihre Konstitution bezüglich spezieller Anforderungen wie Konzentrationsfähigkeit, Konfliktbereitschaft etc.[250] In einem Netzwerk sind dies alle Aspekte, die die Netzwerkmitglieder als individuell handelnde Akteure betrifft. Das **Wir** bezieht sich auf die beteiligten Akteuren als Gruppe. Es umfasst alle Aspekte der individuellen Person und des Themas, die in der Gruppe begründet liegen oder die das Einbeziehen der Gruppe notwendig machen.[251] Dem Wir entspricht im Netzwerk die Summe der beteiligten Netzwerkmitglieder. Das **Thema** ist der Anlass für die Aktivität einer Gruppe und manifestiert sich an ihrer Zielorientierung. Das Thema entspricht im Netzwerk ebenfalls Anlass und Ziel des Netzwerkes. Unter **Globe** versteht COHN alle Einflüsse (von Raum und Zeit bis hin zu gesellschaftlichen Verhältnissen), die auf ein Seminar, eine Sitzung oder auch die Versammlung eines Netzwerkes einwirkten können. Alle vier Aspekte stehen in einem gleichgewichteten Verhältnis zueinander. COHN beschreibt dieses Verhältnis als ein **dynamisches Gleichgewicht**, einzelne Schwerpunkte oder Vertiefungen sind möglich, führen aber nur im Gleichgewicht in ihrer Summe zu gelungener Kommunikation und zu lebendigem Lernen.[252] Bei Einseitigkeit eines Aspektes kommt es zu gestörter Entwicklung. In diesem Grundsatz des dynamischen Gleichgewichts trägt COHN der ganzheitlichen Betrachtungsweise des Menschen Rechnung. Der „TZI geht es darum, Themen intersubjektiv kommunizierbar zu machen."[253] Dabei gehen Selbstverwirklichung, Kooperation und Themenerarbeitung Hand in Hand.[254]

---

249 COHN (1979); S. 876.
250 Vgl. COHN (1994); S. 353.
251 Vgl. COHN (1994); S. 353.
252 Vgl. COHN (1994); S. 353.
253 SIELERT (1994); S. 404.
254 Vgl. LANGMAACK/BRAUNE-KRICKAU (1995); S. 102.

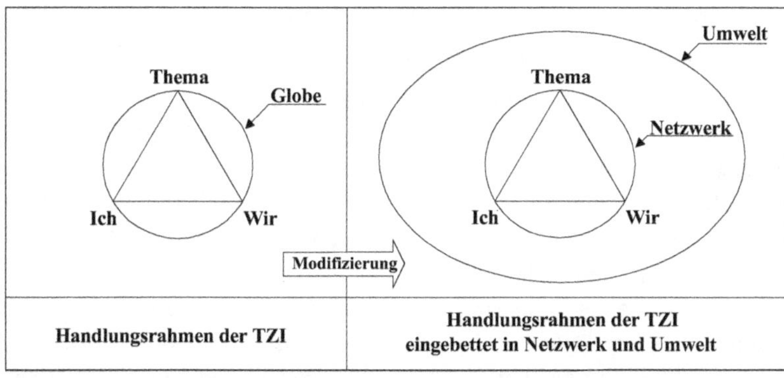

Abbildung 5: Handlungsrahmen der TZI (basiert auf: COHN 1979; S. 882)

Das Modell der TZI (vgl. Abbildung 5, linker Teil) wurde für die vorliegende Arbeit etwas modifiziert. (vgl. Abbildung 5, rechter Teil). Der Globe als die Gesamtheit der Einflüsse von außen wurde differenziert in Netzwerk und Umwelt. Das **Netzwerk** dient hier als Bezugsrahmen von Ich, Wir und Thema zur Umwelt. Die Umwelt wird über das Netzwerk an das Dreieck von Ich, Wir und Thema vermittelt.

2.2.2 Handlungen und Akteure im Netzwerk

Im Folgenden soll aufgezeigt werden, in wieweit sich Policy-Netzwerkstrukturen auf die einzelnen Aspekte des oben dargestellten Handlungsrahmens (Ich, Wir, Thema, Netzwerk als Globe) auswirken und welche Konsequenzen sich daraus für Handlungen und Akteure ergebene. Diese Betrachtung geschieht aus dem Fokus der oben gesellten Frage, worin die Motivation der Akteure beim Engagement in Netzwerken liegen könnte. Aufgrund der vielfältigen Möglichkeiten, Netzwerke zu gestalten, können an dieser Stelle nur einige allgemeine und grundsätzliche Aspekte herausgearbeitet werden.

2.2.2.1 Ich

In Policy-Netzwerken haben wir es bei den Teilnehmern in erster Linie mit Repräsentanten oder Vertretern von Organisationen oder Institutionen zu tun. So werden der Teilnahme an einem Policy-Netzwerk auch strategische Motive zugrunde liegen. Zu strategischen Motiven können jedoch keine allgemeinen Aussagen getroffen werden, somit bleiben strategische Motive in dieser Arbeit unberücksichtigt. Aber auch persönliche Motive oder Vorlieben können Anlass zu einer sachlichen Argumentation für oder gegen die Teilnahme an Netzwerken sein. Die Teilnehmer eines

Netzwerkes sollen im Folgenden als 'unabhängige' Personen betrachtet werden, die ihre eigene persönliche Motivation zur Arbeit in Netzwerken mitbringen.

Die grundsätzliche Autonomie der Akteure in einem Netzwerk kann als ein institutionalisierter Ausdruck von Akzeptanz betrachtet werden, welcher die Basis zum Aufbau von Beziehungen ist. Das heißt noch nicht, dass alle Akteure eines Netzwerks als gleich wichtig anerkannt werden. Im Rahmen eines Netzwerkes ist die Identität und das Rollenverhältnis der Akteure untereinander und im Bezug zum Netzwerk nicht vorab festgelegt oder zugewiesen. Die Akteure sind in einem höheren Maße selbstbestimmt als in einer Organisation. In einem wechselseitigen kontinuierlichen Prozess können sie ihre Rollen im Netzwerk aushandeln und ihre Identität entwickeln. Aus dieser im Vergleich zum Markt und zur Organisation erweiterten Möglichkeit, Identität und Rolle im Netzwerk zu entwickeln und auszuhandeln, folgt der Anspruch, dies auch zu tun. Im Mittelpunkt steht für den Akteur nicht nur der Zweck des Netzwerkes, sondern auch die eigene Rolle und Identität im Netzwerk als ein Aspekt der Entwicklung der eigenen Persönlichkeit. Insbesondere für Vertreter von kleinen Initiativen oder Institutionen (z.B. Bürgerinitiativen) mag die Bestimmung ihrer eigenen Rolle und Identität für ihr Selbstbewusstsein von nicht unerheblicher Bedeutung sein.

Durch Übernahme von Teilaufgaben im Netzwerk (z.B. Informationen bereitstellen oder verarbeiten) erfahren die Akteure einen Sinn ihrer Tätigkeiten nicht nur von unten (von ihrer Organisation), sondern auch von oben als Teil eines Netzwerkes. Für die Teilnehmer eröffnet sich die Möglichkeit, an umfassenden Problemlösungen beteiligt zu sein und gestaltend mitwirken zu können. Für eine Organisation und ihre Vertreter stellen Netzwerke als Bezugsrahmen zur Umwelt eine Möglichkeit dar, Feedback zu erhalten.

2.2.2.2 Wir

Die Rolle der Gruppe (**Wir**) ist von Bedeutung, wenn es um die Schaffung und Erhaltung von Vertrauen geht. Vertrauen ist ein wesentlicher Faktor zum Funktionieren von Netzwerken (siehe Teil zwei). Aber auch im Rahmen der Entwicklung moderner Gesellschaften ist Vertrauen von zunehmender Bedeutung. „Man wird damit rechnen müssen, dass Vertrauen mehr und mehr in Anspruch genommen werden muss, damit technisch erzeugte Komplexität der Zukunft ertragen werden kann.“[255] Gleichzeitig ist das Verhältnis zu konflikthaft werdenden Institutionen durch die Ambivalenz

[255] LUHMANN (1968); S. 14.

von Vertrauen und Misstrauen gekennzeichnet.[256] Kurzum, es besteht ein steigender Bedarf an vertrauensstiftenden Maßnahmen oder Institutionen.

Vertrauen als eine Form von **Sicherheit** reduziert Komplexität.[257] Komplexität bezeichnet in diesem Zusammenhang eine Vielzahl von Möglichkeiten, welche in der Zukunft liegen und welche für die Aktualisierung eines Systems relevant werden könnten. Dabei können aber nicht alle Möglichkeiten verwirklicht werden, d.h., dass die Welt bezüglich ihres Werdens 'offen' strukturiert ist. Vertrauen nimmt Zukunft vorweg, dabei bedarf es der Geschichte als Hintergrund. „Aber Vertrauen ist keine Folgerung aus der Vergangenheit, sondern es überzieht die Informationen, die es aus der Vergangenheit besitzt und riskiert eine Bestimmung der Zukunft."[258] Als eine Mischung aus Wissen und Nichtwissen ist Vertrauen letztlich immer unbegründbar.[259]

Die einzelnen Personen im Netzwerk als VertreterIn oder RepäsentantIn stellen die Zugangspunkte zu den von ihnen vertretenen abstrakten Systemen (Organisationen) dar.[260] Organisationen als Träger von spezialisiertem Wissen (Expertenwissen) können bei der Begegnung von negativen Nebenfolgen nicht ignoriert werden, gleichzeitig wird Expertenwissen zusammen mit seinen Institutionen ambivalent. Aus diesen Umständen heraus bekommt der Zugang zu Expertenwissen in Form der Begegnung mit Experten bzw. deren Vertreter ein besonderes Gewicht, um Komplexität und Ambivalenz mittels Vertrauen zu reduzieren.[261] Umgekehrt bedeutet das auch, dass diese Vertreter oder Repräsentanten als handelnde Akteure ihre Sicherheit nicht mehr bedingungslos aus den Institutionen und ihren Stellung in diesen Institutionen beziehen können, sondern auf gegenseitiges Vertrauen angewiesen sind.

In der vorliegenden Arbeit wird davon ausgegangen, dass die Ziele und Strategien von Netzwerken nicht durch Medien vermittelt, sondern in persönlicher Anwesenheit ausgehandelt werden. Aus der persönlichen Anwesenheit der Vertreter abstrakter Institutionen in der Gruppe des Netzwerkes ergibt sich die Möglichkeit, Vertrauen in die Schnittstellen (Vertreter) dieser Institutionen zu gewinnen. GIDDENS folgert aus der dichten Verknüpfung von Vertrauen, ontologischer Sicherheit und dem Gefühl der Kontinuität von Dingen und Personen, dass Vertrauen in die Zuverlässigkeit von Gegenständen auf einem primitiveren Glauben an die Zuverlässigkeit menschlicher Individuen beruht.[262] Dabei steht die Bereitschaft zu vertrauen in einem engen ge-

---

256 Vgl. Teil 1: Kapitel Risikogesellschaft.
257 Vgl. LUHMANN (1968); S. 6, 9.
258 LUHMANN (1968); S. 18.
259 Vgl. SIMMEL (1922); S. 264f.
260 Vgl. GIDDENS (1996); S. 107.
261 Vgl. GIDDENS (1996); S. 109.
262 Vgl. GIDDENS (1996); S. 124.

genseitigen Verhältnis zum Selbstvertrauen, einem inneren Gefühl der Vertrauenswürdigkeit.[263]

Das Entstehen von Vertrauen kann nicht eindeutig auf strukturelle Eigenschaften von Netzwerken zurückgeführt werden, denn Vertrauen lässt sich nicht durch ein Netzwerk verordnen, verlangen oder fordern. Policy-Netzwerke stellen einen Rahmen dar, indem verschiedene gesellschaftliche Akteure durch persönlichen Kontakt in einer Gruppe miteinander ins Gespräch kommen, die außerhalb eines Netzwerkes in einer vergleichbaren Dichte und Kontinuität sehr unwahrscheinlich ist. Dieser Aspekt des persönlichen Gesprächs kann in keiner Weise Vertrauen garantieren, ist jedoch für eine Vertrauensbildung aufgrund der oben genannten Punkte von hohem Wert. So kann man festhalten, dass die Gruppe oder das **Wir** im Netzwerk, wenn nicht die Quelle, so doch die 'Bühne des Vertrauens ist. So wie ein gutes Theaterstück eine gute Bühne braucht, braucht Vertrauen einen Rahmen oder eine Basis auf dem es sich entwickeln kann. Policy-Netzwerke könnten einen solchen Rahmen darstellen.

2.2.2.3 Thema

Die „TZI versteht unter Thema meist ein verbalisiertes Anliegen."[264] Netzwerke geben aufgrund ihrer günstigen Infrastruktur zur Verbreitung und Erzeugung von Wissen und ihrer 'relativen' Zieloffenheit[265] ihren autonomen Mitgliedern die Möglichkeit, eigene Wertvorstellungen und Präferenzen in die Zielbeschreibung (das Anliegen des Netzwerkes) und den gewählten Weg der Zielverfolgung mit einfließen zu lassen.

Der Anlass und Zweck eines Netzwerkes hilft bei der Strukturierung und Zielorientierung.[266] Das gemeinsame Thema führt die verschiedenen individuellen Interessen an einem Punkt zusammen. Das Thema und das Wissen um ein Thema nehmen eine Mediationsfunktion wahr,[267] so kann das Thema die Koordination der einzelnen Akteure im Netzwerk leiten.

Wie im Kapitel zum Wissensmanagement geschildert, können mit Hilfe von Netzwerken Lösungen für eine maximale Problemkomplexität entworfen und verwirklicht werden, welche die Kapazität und Leistungsfähigkeit einzelner Akteure übersteigen würde. Netzwerke stellen aufgrund dessen eine Möglichkeit dar, ein Anliegen in einer Tiefe zu bearbeiten, die ohne Netzwerk nicht möglich wäre. Die Potenziale eines

---

263 Vgl. LUHMANN (1968); S. 77.
264 COHN (1994); S. 358.
265 Mit 'relative' Zieloffenheit ist gemeint, dass der Zeck eines Netzwerkes grundsätzlich von dessen Initiatoren vorgegeben ist, die genaue Zieldefinition, sowie der Weg, das Ziel zu erreichen, dagegen noch offen stehen.
266 Vgl. COHN (1994); S.358.
267 Vgl. WILLKE (1998); S. 65 u. 376.

Netzwerkes zur thematischen Bearbeitung öffnen neue Optionen, Leistungen vollbringen zu können. Damit könnten Leistungsmotive, wie Übernahme von Verantwortung, sowie das Setzen von anspruchsvollen aber realistischen Zielen angesprochen werden.

2.2.2.4 Netzwerk

Das Netzwerk stellt als Struktur den Raum dar, in dem sich das dynamische Gleichgewicht aus Ich, Wir, und Thema bewegen kann. So wie es bei einer Messung nicht nur auf das Gewicht in den Waagschalen selbst, sondern auch auf die Qualität der Waage ankommt, sind grundsätzliche strukturelle Eigenschaften von Policy-Netzwerken entscheidend für ein ausgewogenes Verhältnis von Ich, Wir und Thema. Strukturen sind vorgefasste Formen zur Aneignung der Welt. Diese Aneignung oder Erschließung der Welt kann auf der Basis von zwei verschiedenen Prinzipien erfolgen, als emotionale und kognitiv-sprachliche Aneignung.[268] Im Folgenden soll sowohl die Struktur des Policy-Netzwerkes als auch ihre Funktion der Erschließung und Aneignung der Welt betrachtet werden. Als Grundlage dient der Ansatz von GERHARDS, der im Rahmen einer Entwicklung zur Postmoderne davon ausgeht, dass Organisationen einem Wandel unterliegen, der durch eine zunehmende Bedeutung von emotionalen Strukturen gekennzeichnet ist.[269] Dieser Ansatz soll auf Policy-Netzwerke übertragen werden.

Die **Kognition** als ein Prinzip zur Aneignung der Welt in einer sequentiellen Form, konstruiert die Welt spezifisch, universalistisch und performativ.[270] Das andere Prinzip ist das der emotionalen Aneignung. „**Emotionen** werden als Ergebnisse einer ganzheitlichen Bewertung der momentanen Lage aufgefasst, die dann ihren Niederschlag in einer Erlebniskomponente („Gefühl"), einer neuro-physiologischen Aktivierungskomponente, einer sozial-kommunikativen Ausdruckskomponente, einer Kognitionskomponente, einer motorischen Komponente und anderen Komponenten mehr haben kann."[271] HELLER konstituiert Emotionen als einen Mechanismus zur Aneignung und Konstruktion der Welt.[272] Emotionen sind eine simultane Form der Weltkonstruktion, welche eine diffuse, partikulare und qualitative Orientierung leistet. „Emotionen zu haben, gehört zur conditio humana. Es gibt keine Form des mensch-

---

[268] Es gibt noch eine dritte Ebene, eine instinktive Aneignung der Welt, diese ist hier jedoch nicht relevant, da sie als Prinzip geschlossen ist und nicht gestaltbarer Strukturen bedarf. Vgl. GERHARDS (1988); S. 72f.

[269] Vgl. GERHARDS (1988); S. 235, 262.

[270] Vgl. GERHARDS (1988); S. 73.

[271] RHEINBERG (1999); S. 191.

[272] Vgl. HELLER in GERHARDS (1988); S. 59.

lichen In-der-Welt-Seins ohne Emotionen."[273] Dabei erfüllen die Emotionen die Aufgabe, den Menschen an die Welt zu binden.

Organisationsstrukturen sind kognitiv-sprachliche, dominante Konstruktionen, in denen Emotionen nur eine periphere Rolle spielen. Bei einer hohen Komplexität der Umwelt ist eine Organisation dann gut ausgestattet, wenn ihre Struktur eine hohe Kontingenz aufweist.[274] Das bedeutet, dass die Struktur mehrere Handlungsalternativen zur Verfügung stellt, was zur Folge hat, dass sich der Akteur in diesen Strukturen für eine Alternative entscheiden muss.[275] Mit der 'weicheren' Gestaltung von Systemstrukturen kann sich die Kontingenz einzelner Dimensionen erhöhen. Damit steigt der Bedarf an subjektiver Entscheidung und der Freiheitsgrad der beteiligten Personen. Die vorher formalisierten Handlungsbezüge lösen sich und orientieren sich zunehmend an Personen.

Die Öffnung der formalen Struktur im Organisationsinneren macht Abstimmungen zwischen den einzelnen Arbeitsprozessen immer notwendiger und räumt so Emotionen zunehmenden Einfluss und damit Bedeutung in Kooperationsprozess ein und strukturiert den Kooperationsprozess mit.[276] Dieser bewusste Einsatz bzw. das Einräumen von emotionalen Aspekten in die Struktur der Organisation, wird als emotionale Struktur, bzw. als emotionaler Charaker von Struktur bezeichnet. Bei steigendem Kooperationsbedarf zwischen den Akteuren und zunehmendem Subjektivitätsbedarf aufgrund steigender Kontingenz, scheint die zunehmende Bedeutung von Emotionen eine unvermeidbare Folgeerscheinung zu sein.[277] Dabei sind Konflikte mit den Organisationszielen nicht ausgeschlossen. Eine zweite Bedeutung von Emotionen für die Organisation ergibt sich aus den veränderten Anforderungen an die Arbeitskräfte. Die Untersuchungen von KERN/SCHUMANN (1984) sowie LITTEK/ HEISIG (1986) haben gezeigt, dass die Anforderungen an das Arbeitsvermögen sich in Richtung zunehmender Nachfrage nach komplexen und intellektuellen Fähigkeiten verändert haben. Entgegen handwerklicher Tätigkeiten ist bei intellektuellen Kopfarbeiten ein paralleles Nachdenken nicht möglich. Das bedeutet, dass bei jedem sich Erinnern an Arbeitsregelungen die eigentliche intellektuelle Arbeit im Gegensatz zur handwerklichen Arbeit unterbrochen wird. So wirken instrumentalisierte Zugriffe auf intellektuelle Arbeit eher dysfunktional.[278]

Um das gesamte Arbeitsvermögen ihrer Mitglieder aktivieren zu können, müssen Organisationen ihre Strukturen mehr auf die Bedürfnisse ihrer Mitglieder hin orientie-

---

[273] GERHARDS (1988); S. 72.
[274] Vgl. KRIEGER (1996); S. 28.
[275] Vgl. KRIEGER (1996); S. 28.
[276] Vgl. GERHARDS (1988); S. 265.
[277] Vgl. GERHARDS (1988); S. 266.
[278] Vgl. GERHARDS (1988); S. 267.

ren. Deshalb muss gerade das für Organisationen typische Auseinanderziehen von Systemstruktur und Motivstruktur, teilweise wieder rückgängig gemacht werden.[279] Auf diese Weise können die Akteure emotional an ihre Arbeit gebunden werden und ein Abbau von formalisierter sozialer Kontrolle wird realisierbar. Emotionale Aspekte der Struktur von Organisationen ermöglichen somit ein erhöhtes Maß an eigenverantwortlichem Arbeiten.

Netzwerke werden im Rahmen dieser Arbeit als eine Weiterentwicklung emotional geprägter Strukturen verstanden, da sie es möglich machen, die hier für die Organisation notwendigen Anpassungen an neue Arbeitsanforderungen über die Organisationen hinaus entsprechend verwirklichen zu können. Der Kern der emotional geprägten Struktur liegt mit am informellen Charakter von Netzwerken. In Policy-Netzwerken drückt sich dies in der Funktionslogik des Netzwerkes als Verhandlungssystem aus. Entscheidende Aspekte für eine emotionale Struktur im hier besprochenen Sinne sind die Autonomie der Akteure sowie das Fehlen jeglicher organisational formalisierter Kontrollinstanzen. Auf informellen Ebenen findet Kontrolle als ein Beziehungsverhältnis basierend auf dem Prinzip der Reziprozität statt. Durch ihre Autonomie sind die Akteure im Rahmen des Netzwerkes absolut eigenverantwortlich. Aufgrund reziproker Beziehungen sind sie jedoch gleichzeitig für das gesamte Netzwerk mit verantwortlich, da das eigene Verhalten das Verhalten der anderen Mitglieder beeinflusst und somit auch ein Stück weit steuert.

2.3 Zusammenfassung

Der Akteur im Netzwerk kann auf Basis seiner Autonomie in einem erhöhten Maße selbstbestimmt Identität und Selbstbewusstsein entwickeln. Dabei bietet das Netzwerk als Verhandlungssystem einen 'relativ' offenen und informationsdichten Rahmen, der eine Beteiligung und Einflussnahme am Lösungsprozess komplexer Probleme grundsätzlich möglich macht. Dabei können die Akteure eine zusätzliche Anerkennung und Sinngebung ihrer Arbeit erfahren. Im Gegensatz zu Markt und Organisation sind im Netzwerk Kontinuität und Autonomie der Akteure als eine günstige Grundlage gegeben, auf der sich Vertrauen entwickeln kann. Die Beziehung der beteiligten Akteure ist auf diese Weise nicht durch hierarchische Zuordnung, sondern durch einen gemeinschaftlichen Charakter geprägt.

Diese Art der Motivationsstruktur bietet einerseits Sicherheit in der Beziehung von Akteur und Netzwerk um das Wagnis der Beteiligung eingehen zu können, andererseits ist die Struktur so offen, dass sie Hoffnungen, Phantasien oder Aussichten zulässt. Erst diese Kombination zeigt das Motivationspotenzial von Netzwerken auf,

---

279 Vgl. GERHARDS (1988); S. 267.

welches den Menschen auf mehreren Ebenen anspricht. So könnte man Netzwerke in diesem Zusammenhang auch als themenzentriertes Beziehungsgeflecht betrachten, welches in einem höheren Maße den 'humanen Charakter' (emotionale Strukturen) von Beziehung beinhaltet, als dies in Organisationen oder in Marktbeziehungen möglich (oder üblich) ist. Dies belegt eine Untersuchung der Unternehmensberatung Kienbaum, die in 116 Chefetagen 60% der Führungskräfte als neurotisch gestört einstufte.[280] Dies macht deutlich, dass der Bedarf an einer Erhöhung des 'humanen Charakters' in Strukturen vorhanden ist. Neurotische Störungen können auf Situationen zurückgeführt werden, in denen einem Menschen eine adäquate Verarbeitung von auftretenden Affekten, wie z.B. Angst, nicht gelingt.[281] Eine Emotionalisierung von Strukturen scheint dem in angemessener Weise entgegenzukommen.

280 Vgl. KIRBACH (1995); S. 35. Diese Studie muss allerdings mit Vorsicht betrachtet werden, da die Unternehmensberatung Kienbaum durchaus ein wirtschaftliches Interesse daran haben kann, neurotische Führungskräfte zu diagnostizieren, da dies eine fachmännische Beratung des Unternehmens plausibel machen würde.

281 Vgl. KLIMA (1994); S. 464.

Teil 4: Ein Netzwerk-Beispiel – "Initiative für Beschäftigung!"

Dieses Beispiel soll dazu dienen, den oben dargestellten Ansatz einer Theorie der 'Netzwerkgesellschaft', greifbarer zu machen. Da über das Netzwerk "Initiative für Beschäftigung!" keine Evaluation vorliegt, kann das Beispiel zwar nicht zur Fundierung der These dieser Arbeit beitragen. Dennoch kann die "Initiative für Beschäftigung!" aufzeigen, dass es einen relevanten Untersuchungsgegenstand gibt, für den die Entwicklung einer Theorie der 'Netzwerkgesellschaft' Bedeutung haben kann. Die Wahl für das Beispiel begründet sich zum einen in ihrer recht umfassenden und tiefgehenden Struktur, welche ihre Funktionsweisen leichter transparent werden lässt. Ein weiterer Grund für die Wahl der Initiative besteht darin, dass ich aufgrund eines Praktikums beim Institut für Organisationskommunikation (IFOK) einen guten Zugang zur "Initiative für Beschäftigung!" habe.

1. Die "Initiative für Beschäftigung!"

Das Netzwerk entstand aufgrund der Überzeugung, dass die derzeitige Lage des deutschen Arbeitsmarktes einen lager-, partei- und organisationsübergreifenden Konsens zur Bekämpfung der Arbeitslosigkeit und zur Schaffung neuer Beschäftigungsmöglichkeiten erfordert. Aufgrund dieser Annahme gründeten STRUBE, MOHN und SCHMOLDT[282] am 8.12.1998 die "Initiative für Beschäftigung!". Als ein Projekt ist sie vorerst auf drei Jahre angelegt.

1.1 Zielsetzung

Unter dem Motto "Wir wollen Probleme von heute nicht mit Lösungen von gestern angehen",[283] verfolgt die "Initiative für Beschäftigung!" das Ziel, politische und soziale Innovationen anzustoßen. Dabei soll die Problemlösung auf regionaler Ebene ansetzen. Der Schwerpunkt des Netzwerkes liegt nicht in der beschäftigungspolitischen Diskussion, sondern in der Erfindung und Umsetzung von beschäftigungsschaffenden und -erhaltenden Projekten. "Die Initiative will ein Zeichen setzen für die Übernahme gesellschaftspolitischer Verantwortung und für konkretes, engagiertes Handeln der Akteure in ihrem jeweiligen Wirkungsbereich."[284]

Für die Ausrichtung der Arbeit in den regionalen Netzwerken hat die "Initiative für Beschäftigung!" folgende Ziele definiert:[285]

---

[282] PROF. DR. JÜRGEN F. STRUBE (Vorsitzender des Vorstandes der BASF AG), REINHARD MOHN (Mitglied des Vorstandes der Bertelsmann Stiftung), HUBERTUS SCHMOLDT (Vorsitzender der IG Bergbau, Chemie, Energie; IGBCE).

[283] Zitiert aus: Bertelsmann Stiftung (1999); S. 3; (Projektzeitschrift der Initiative).

[284] Zitiert aus: www.initiative-beschaeftigung.de

[285] Die folgenden fünf Ziele sind wörtlich einer Projektskizze (Juni 1999) entnommen.

- Konsens über Bedeutung und Zielrichtung gemeinsamen Handelns herzustellen,
- beschäftigungsfördernde Aktivitäten, erfolgreiche Maßnahmen und Instrumente zu identifizieren,
- die Umsetzung und Weiterentwicklung von innovativen Lösungen auf dezentraler Ebene zu forcieren und zu unterstützen,
- einen Ideen- und Erfahrungsaustausch zwischen Regionen zur Vermittlung, Verbreitung und Umsetzung solcher Lösungen zu organisieren und
- die Ergebnisse in Politik und Öffentlichkeit zu tragen.

1.2 Finanzierung

Die Kosten der Initiative auf bundesweiter Ebene werden von den drei Gründerorganisationen der BASF AG, der Bertelsmann Stiftung und der IGBCE gemeinschaftlich übernommen. Damit werden folgende Kosten gedeckt:

- Aufarbeitung und Präsentation der Analyse guter nationaler Beispiele
- Entwicklung des für Netzwerkbildung und -steuerung erforderlichen Know-hows
- Vorbereitung, Durchführung und Nachbereitung aller regionalen Auftaktveranstaltungen in Abstimmung mit dem jeweiligen Netzwerkinitiator
- Veranstaltungen des bundesweiten Initiativkreises
- Regelmäßiges Treffen aller Leiter der regionalen Steuerungsgruppen
- Internet-Auftritt
- Projektbroschüre und Newsletter
- bundesweite Fachveranstaltungen

Die so entstehenden Kosten für die Gründung und die Trägerschaft der regionalen Netzwerke gewährleisten die entsprechenden Initiatoren des Initiativkreises.[286]

[286] Angaben sind aus der Projektskizze (Juni 1999) entnommen.

1.3 Netzwerkstruktur

Das Netzwerk der "Initiative für Beschäftigung!" weist mit dem bundesweiten Initiativkreis, den Initiativkreisen der regionalen Netzwerke[287] und den Arbeitskreisen drei Ordnungs- und Entscheidungsebenen auf. Der **bundesweite Initiativkreis** besteht aus den drei oben genannten Gründungsmitgliedern und weiteren 26 engagierten Persönlichkeiten aus Wirtschaft, Politik und Gesellschaft[288]. Von ihnen geht die Gründung der regionalen Netzwerke aus. Im bundesweiten Initiativkreis wird auf der obersten Entscheidungsebene über die Ziele, Motive und Strategien des gesamten Netzwerkes der "Initiative für Beschäftigung!" entschieden. Dem bundesweiten Initiativkreis ist ein Exekutivstab, der die laufenden Geschäfte der Initiative führt, zugeordnet (vgl. Abbildung 6: Abschnitt b). Ihm gehören Vertreter der Gründerorganisationen BASF AG, Industriegewerkschaft Bergbau Chemie Energie (IGBCE) und der Bertelsmann Stiftung sowie Vertreter des Instituts für Organisationskommunikation (IFOK) an. Das IFOK ist mit der Begleitung der "Initiative für Beschäftigung!" als Beratungsinstitut beauftragt. Zu seinen Aufgaben gehören neben der Moderation und dem Prozessmanagement auch der fachliche Input. Die **regionalen Netzwerke** (derzeit 15 an der Zahl, Abbildung 7) werden durch

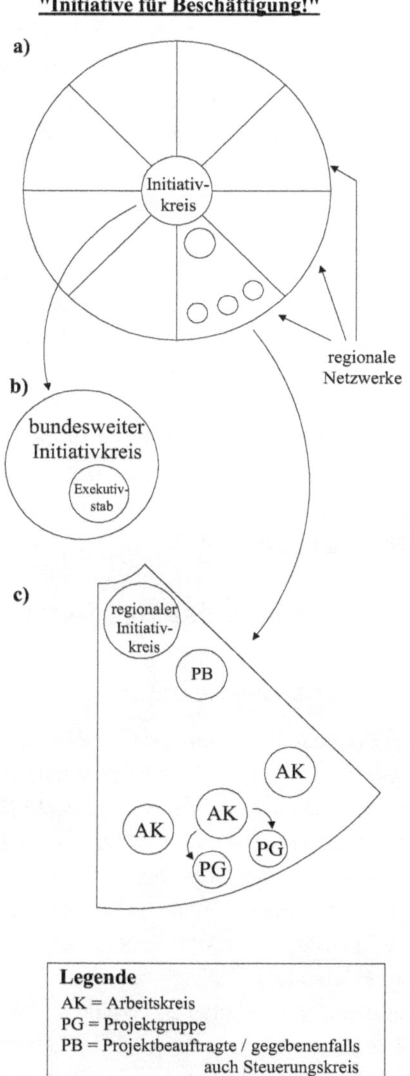

Abbildung 6: Netzwerkstruktur der "Initiative für Beschäftigung!"

[287] Bezüglich der Terminologie: Die "Initiative für Beschäftigung!" benutzt den Begriff des Netzwerkes nur für die regionalen Netzwerke, auf bundesweiter Ebene wird hingegen von der bundesweiten Initiative oder eben *der* "Initiative für Beschäftigung!" gesprochen.

[288] Seihe Mitgliederliste des bundesweiten Initiativkreises im Anhang 2.

einzelne Mitglieder des bundesweiten Initiativkreises (Initiatoren) in ihren heimatlichen Regionen gegründet. Sie bestehen aus einem regionalen Initiativkreis, einer/einem ProjektkoordinatorIn (gegebenenfalls einem Steuerungskreis) und den Arbeitskreisen (vgl. Abbildung 6: Abschnitt c). Der regionale Initiativkreis, als die zweite Entscheidungsebene, besteht aus den engagierten führenden VertreterInnen (SpitzenvertreterInnen) aus Wirtschaft, Politik und Gesellschaft, die in der Region aktiv sind. Sie entscheiden über die Zielrichtung des regionalen Netzwerkes. Auf der dritten Ordnungs- und Entscheidungsebene stehen die **Arbeitskreise** (ca. 7-25 Mitglieder). Sie arbeiten zu regional relevanten Themen, welche vom regionalen Initiativkreis und IFOK identifiziert wurden. Die Arbeitskreise definieren in Bezug auf ihre Themenfelder konkrete Ziele, an denen sich im weiteren die Entwicklung, Umsetzung und Multiplikation von beschäftigungsschaffenden oder -erhaltenden Projekten orientieren wird. In der Projektarbeit können die Arbeitskreise je nach Bedarf Projektgruppen (2-5 Personen) bilden. Zur Koordination der Arbeitsgruppen nach innen und außen wird in jeder Arbeitsgruppe ein/eine ArbeitskreisleiterIn bestimmt. Zur Koordination der Arbeitskreise im regionalen Netzwerk und der Vertretung des Netzwerkes nach außen, wird vom Initiator ein/eine ProjektbeauftragteR bestimmt (vgl. Abbildung 6: Abschnitt c).

2. Funktionsweise des Netzwerkes

2.1 Bundesweite Initiative

Auf Bundesebene agiert der bundesweite Initiativkreis und der ihm zugeordnete Exekutivstab. Der bundesweite Initiativkreis trifft sich einmal jährlich, definiert die Ziele der gesamten Initiative und wacht über Effektivität. Die Mitglieder des bundesweiten Initiativkreises unterstützen die Initiative entweder als Multiplikatoren oder als Initiatoren eigener regionaler Netzwerke in ihren Heimatregionen. Die Multiplikatoren werben mit ihrem Namen bundesweit und regional für das Anliegen der Initiative. Der bundesweite Initiativkreis unterstützt die regionalen Netzwerke durch Organisation von Erfahrungsaustausch zwischen den regionalen Netzwerken, Recherche und Multiplikation von guten Beispielen für beschäftigungsfördernde Projekte. Die Initiatoren regionaler Netzwerke leiten ihre Netzwerke und repräsentieren diese gegenüber Presse und Öffentlichkeit in ihrer Region.

2.2 Regionale Netzwerke

Im Rahmen der "Initiative für Beschäftigung!" wurden bisher 15 regionale Netzwerke gegründet, in denen etwa 1500 Menschen in 63 Arbeitskreisen engagiert sind. Die Teilnehmerzahl der bisher gegründeten Netzwerke liegt zwischen 40 und 170 Personen. In der "Initiative für Beschäftigung!" wird derzeit an ca. 200 Projekten gearbeitet. Zwei weitere regionale Netzwerke sind noch in der Startphase, drei befinden sich in Planung.

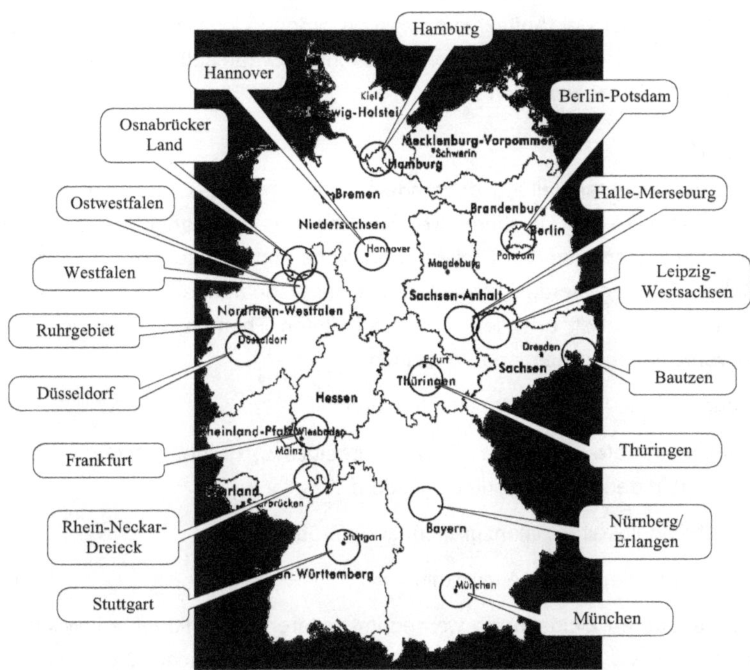

Abbildung 7: Übersichtskarte regionale Netzwerke.
(Die Netzwerke München und Nürnberg/Erlangen sind noch im Aufbau)

2.2.1 Start eines regionalen Netzwerkes

Es ist die Aufgabe des Initiators Mitglieder für das regionale Netzwerk zu werben. Die Präferenz liegt dabei auf führenden Akteuren aus Politik, Wirtschaft und Gesellschaft, die Potenziale oder Kompetenzen bezüglich des Themas Arbeit, bzw. Arbeitslosigkeit aufweisen, wie z.B. UnternehmerInnen, SpitzenvertreterInnen von Gewerkschaften, Handwerksorganisationen, Industrie und Handelskammern, führende Verwaltungskräfte und VertreterInnen wichtiger ansässiger gesellschaftlicher Gruppen wie z.B. Kirchen oder der Wissenschaft (Universitäten). Sie bilden den regionalen Initiativkreis. Mit ihrer Ansprache wird eine Ermittlung der bereits laufenden beschäftigungsfördernden Aktivitäten in der Region verbunden. Die Ergebnisse dieser Ermittlung stehen bei der Auftaktveranstaltung zur Verfügung.

Bei der Auftaktveranstaltung wird der Handlungsbedarf bezüglich der Arbeitsmarktsituation in der Region auf Basis der Recherche durch die anwesenden Mitglieder ermittelt und zu griffigen Themen zusammengefasst. Das Ziel einer Auftaktveranstaltung besteht darin, Arbeitskreise zu den ermittelten Themenschwerpunkten zu bilden. Die Teilnehmer der Auftaktveranstaltung ordnen sich einem oder mehreren Arbeitskreisen zu und benennen Personen aus ihren Organisationen, die sie in den jeweiligen Arbeitskreisen vertreten sollen.

2.2.2 Projektarbeit

Die auf der Auftaktveranstaltung gegründeten Arbeitskreise stellen den Kern der regionalen Netzwerke dar. In ihnen werden Ideen zu beschäftigungsschaffenden oder beschäftigungserhaltenden Projekten entwickelt und umgesetzt. In Bezug auf die gewählten Themen werden konkrete Ziele herausgearbeitet, an denen sich im weiteren die Projektarbeit orientiert. Die bearbeiteten Themen, lassen sich in der Regel vier verschiedenen Bereichen zuordnen.

- Jugendliche ins Berufsleben integrieren
- Benachteiligte (Ausländer, Langzeitarbeitslose, Frauen, Unterqualifizierte, Ältere) in den Arbeitsmarkt eingliedern
- Selbständigkeit (Existenzgründungen) fördern
- Bestand pflegen und entwickeln

Nach einer genaueren Zieldefinition werden im weiteren Projektideen entwickelt und konkretisiert, d.h. auf einen umsetzungsfähigen Stand gebracht. Die Treffen der Arbeitskreise werden in einem Abstand von etwa vier bis acht Wochen angesetzt. Um das Vorankommen der Projekte zu erhöhen, bilden die Arbeitskreise bei Bedarf kleine Projektgruppen (2-5 Personen), denen Teilaufgaben übertragen werden (z.B. Informationen einholen, Anschreiben erstellen, Kostenvoranschläge, Projektskizzen und Entscheidungsvorlagen erstellen, etc.). Der Stand der Projektplanung aller Arbeitskreise eines Netzwerkes wird auf den halbjährlichen regionalen Initiativkreissitzungen vorgestellt. Auf diesen Initiativkreissitzungen sollen zukunftsfähige Projekte ermittelt werden, um diese weiter logistisch und finanziell zu unterstützen. Bei konkretem Entscheidungsbedarf hat jedes Mitglied des regionalen Initiativkreises gleiches Stimmrecht. Die Projektplanung wird so durch den Initiativkreise mit dem Ziel gelenkt, dass die Projekte in ihrer Umsetzung und Trägerschaft auf einer – im wesentlichen – wirtschaftlichen Finanzierung basieren.[289]

---

[289] Damit soll der Fokus nicht auf eine Gewinnorientierung gelegt werden, das Projekt soll aber im wesentlichen einen wirtschaftlich selbständigen Charakter inne haben.

2.2.3 Netzwerkkoordination und Kommunikation

Die Koordination im bundesweiten und in den regionalen Initiativkreisen, sowie in den einzelnen Arbeitskreisen, findet in der Logik von Verhandlungssystemen statt.[290] Die theoretische Autonomie der Akteure kann allerdings in Frage gestellt werden, wie im dritten Abschnitt zur Akteursmotivation noch aufgezeigt wird. Wie der Austausch zwischen den Arbeitskreisen innerhalb eines Netzwerkes sowie zwischen den Netzwerken ermöglicht wird, soll im folgenden durch die Beschreibung der dafür vorgesehenen Schnittstellen dargestellt werden.

- Die **ArbeitskreisleiterInnen** haben in erster Linie die Aufgabe den Arbeitskreis zu motivieren. Zudem koordinieren sie die Projektgruppen und stehen im Arbeitskreis als Ansprechperson zur Verfügung. Sie nehmen an jeder Arbeitskreissitzung sowie an Treffen zur Koordination mit den Projektbeauftragten teil. Die ArbeitskreisleiterInnen nehmen an den halbjährlichen regionalen Initiativkreissitzungen teil und berichten aus ihrem Arbeitskreis.
- Die **Projektbeauftragten** koordinieren die Arbeitskreise im regionalen Netzwerk und decken Überschneidungen in den Projekten auf. Sie veranstalten regelmäßige Treffen mit den ArbeitskreisleiterInnen des Netzwerkes. Die Projektbeauftragten aller Netzwerke treffen sich drei mal im Jahr zum Erfahrungsaustausch. Sie sind auch für die Öffentlichkeitsarbeit im Netzwerk zuständig. Projektbeauftragte bereiten die Gründung eines Netzwerkes vor und sind in der Startphase des Netzwerkes besonders präsent, d.h. sie nehmen anfangs an allen Arbeitskreissitzungen teil. Projektbeauftragte stehen dem IFOK als Ansprechpersonen zur Verfügung. Die Aufgaben der Projektbeauftragten kann gegebenenfalls auch durch einen Steuerungskreis, d.h. durch mehrere Personen übernommen werden.
- Der **regionale Initiativkreis** legt zu Beginn die Ziele des regionalen Netzwerkes fest. In seinen halbjährlichen Treffen lässt sich der Initiativkreis über den Stand der Projekte im Netzwerk berichten und trifft aufgrund dessen Entscheidungen bezüglich der weiteren Vorgehensweise im Netzwerk.
- Der **Initiator**[291] stellt den ersten Kontakt zu den Mitgliedern des Netzwerkes her. Er wirbt für die "Initiative für Beschäftigung!" um die Teilnahme einflussreicher Persönlichkeiten an den Arbeitskreisen. Ein Hauptaspekt der Tätigkeit des Initiators ist die Motivierung von Akteuren zur Teilnahme am Netzwerk und zu Kontinuität und Durchhaltevermögen bei der Umsetzung der Projektideen. Der Initiator repräsentiert das Netzwerk in der Öffentlichkeit und in der jährlichen bundeswei-

---

290 Vgl. Beschreibung im zweiten Teil dieser Arbeit.

291 Bei den Initiatoren wird in der Schreibweise die männliche Form eingehalten, da es unter ihnen keine Frauen vertreten sind, vgl. Anhang 2:

ten Initiativkreissitzung. Der Initiator benennt für das Netzwerk einen Projektbeauftragte und beauftragt gegebenenfalls das IFOK zur Betreuung und Beratung des regionalen Netzwerkes.

- Das **IFOK** stellt einen wesentlichen Aspekt der Infrastruktur zur Kommunikation dar. Es ist auf bundesweiter Ebene im Exekutivstab vertreten, in diesem Kreis bringt das IFOK Vorschläge, Konzepte und Entscheidungsvorlagen mit ein und berät bezüglich des weiteren Vorgehens.

Vom IFOK werden die Arbeitskreissitzungen der regionalen Netzwerke moderiert, sofern es von den regionalen Netzwerkinitiatoren dazu beauftragt wurde.[292] Das IFOK nimmt an den Treffen der ArbeitskreisleiterInnen teil und koordiniert die Vernetzung von Projekten im regionalen Netzwerk. Dabei steht es in engem Kontakt mit den Netzwerkbeauftragten. Das IFOK gewährleistet den Informationsfluss im Netzwerk und liefert den Initiatoren Statusberichte ab. In einem Netzwerk stehen zwei Personen vom IFOK als feste AnsprechpartnerInnen zur Verfügung (eine HauptansprechpartnerIn und eine VertreterIn). Diese zwei Personen koordinieren und moderieren alle Arbeitskreise im Netzwerk, durch den festen Bezug zu diesen beiden Personen soll eine Vertrauensbasis entstehen.

Weitere Aspekte der Netzwerkstruktur, -kommunikation und -funktionsweise werden im Zusammenhang mit dem Umgang des Faktors Wissen im Netzwerk, sowie dem Verhältnis zwischen der handelnden Akteure und Netzwerke im folgenden diskutiert.

3. Wissensmanagement und Handlungsmotivation in der "Initiative für Beschäftigung!"

Im weiteren soll die "Initiative für Beschäftigung!" daraufhin betrachtet werden, ob sich die Eigenschaften von Netzwerken bezüglich des Wissensmanagements und der Handlungsmotivation der Akteure an ihr als Beispiel ausfindig machen lassen. Die Frage ist also: Wie wird in der "Initiative für Beschäftigung!" mit Wissen und Informationen gearbeitet und welchen Rahmen als Arbeitsfeld bietet die "Initiative für Beschäftigung!" für ihre Mitglieder.

3.1 Wissen

Im folgenden soll aufgezeigt werden, welche Potenziale die "Initiative für Beschäftigung!" in den verschiedenen Wissensformen (Vgl. Tabelle 5) aufweist. Eine Identifizierung von reflexiven Strukturen und die Fähigkeit, Wissen in Strukturen fortlaufend

---

[292] In 9 von 15 Netzwerken übernimmt es diesen Auftrag. Die anderen Netzwerke informieren das IFOK über ihre Tätigkeiten.

zu implementieren als Zeichen für gelungenes Wissensmanagement, kann an dieser Stelle nicht geleistet werden.

3.1.1 Projektwissen

Die Entwicklung von Projektwissen kann an mehreren Punkten aufgezeigt werden:

- **Beschäftigung konkret! Beispiele innovativen Handelns**, dies ist der Titel einer Sammlung guter Beispiele beschäftigungswirksamen Handelns. Mit der ersten Auflage steht allen Mitgliedern eine Auswahl an 53 interessanten Projekte die aus ca. 1000 ausgewählt wurden als Wissensspeicher zur Verfügung.

- Die **Projektbroschüre** ist eine Informationsbroschüre, in der die Ziele und der Aufbau der "Initiative für Beschäftigung!" beschrieben sind. Sie steht als Informationsgabe in der Startphase eines Netzwerkes und zur Information externer Interessenten zur Verfügung.

- **Internet Homepage/'Newsletter'**[293] Die Homepage enthält ebenfalls die Informationen der Projektbroschüre und dient damit auch der allgemeinen Information. Andererseits stehen aber auch spezielle Informationen für engagierte Akteure aus den Netzwerken, wie z.B. der Stand verschiedener Projekte in den anderen Netzwerken, sowie die Adressen von entsprechenden Kontaktpersonen und die wichtigsten Veranstaltungstermine mit Programmen, zur Verfügung.

Der 'Newsletter' dient dem bundesweiten Erfahrungsaustausch regionaler Netzwerke. Sie erscheinen alle zwei bis drei Monate und berichten Ausschnittsweise über den Stand der verschiedenen Netzwerke. Besondere Erfahrungen, Ereignisse und Erfolge werden auf diesem Weg verbreitet. Der 'Newsletter' steht im Internet auf der Homepage der Initiative (als download Dokument) zur Verfügung und kann dort auch abonniert werden.

- Das **IFOK als Beratungsinstitut** verfügt zu den in Abschnitt 2.2.1 genannten Themen FachmoderatorInnen. Sie kennen alle Projekte zu einem Thema in der gesamten Initiative und verfügen über das Know-how bezüglich spezieller fachlicher Problemstellungen. Diese FachmoderatorInnen können gezielt zur Beratung in den Arbeitskreisen hinzugezogen werden, und werden auch auf bundesweiten Fachveranstaltungen eingesetzt.

- **Bundesweite Fachveranstaltungen** dienen zur Information und Diskussion mit externen ExpertInnen und den IFOK FachmoderatorInnen, sowie dem Erfahrungsaustausch der ArbeitskreisleiterInnen. Alle Teilnehmer entsprechender Arbeitskreise werden zu bundesweiten Fachveranstaltungen eingeladen.

---

[293] (www.initiative-fuer-beschaeftigung.de)

3.1.2 Personenwissen

Das Nutzen und Einbringen von Personenwissen hat seinen Schwerpunkt in der Gründung regionaler Netzwerke. Der strategische Einsatz von Personenwissen geht dabei vom Initiativkreis aus, der zum Ziel hat, namhafte Persönlichkeiten für das Anliegen der "Initiative für Beschäftigung!" zu gewinnen und diese zu bewegen, in ihrer Heimatregion ein regionales Netzwerk zu gründen. Auf diesem Weg kann sich die "Initiative für Beschäftigung!" den Bekanntheitsgrad der Person, sowie dessen Wissen über engagierte Personen einer Region zu Nutze machen, ohne als Initiative große Umstände und Kosten damit zu haben.

3.1.3 Strukturwissen

Die "Initiative für Beschäftigung!" ist mit ihren drei Entscheidungsebenen ähnlich wie große Organisationen oder Unternehmen strukturiert. Auf diesem Wege kann die Kommunikation leichter die Grenzen der Organisationen überschreiten, die Anpassungsleistung und auch die Hemmschwelle der Organisationen zur Beteiligung am Netzwerk ist dadurch niedriger. Andererseits werden mit der Anlehnung an Organisationsstrukturen auch Probleme der hierarchischen Koordination mit aufgenommen. Das Verhältnis von Vorstandsvorsitzenden und AbteilungsleiterInnen wird im Netzwerk reproduziert. Bei der Bewertung der Projekte durch den Initiativkreis kann es zu Dissonanzen zwischen den Arbeitskreisen und Initiativkreisen kommen. So kann es zu Effizienzverlusten durch hierarchische Koordination kommen, wie sie im zweiten Teil schon beschrieben wurde.

3.1.4 Prozesswissen

Um implementiertes Prozesswissen im Netzwerk zu identifizieren erfordert es ein genaueres Wissen über die Prozesse im Netzwerk. Diese wurden bis jetzt noch nicht näher analysiert. Davon unabhängig hat die "Initiative für Beschäftigung!" das Bewusstsein, kein oder nur unzureichendes Prozesswissen zu besitzen und beauftragt aus diesem Grund das IFOK um externes Prozesswissen nutzen zu können. Das IFOK als Beratungsinstitut hat in diesem Rahmen die Aufgaben:

- ergebnisträchtige Projekte zu identifizieren und multiplizieren, sowie die Umsetzung zu begleiten und zu forcieren.
- Aktivitäten im Netzwerk (z.B. Veranstaltungen) zielorientiert zu planen und durchzuführen.
- die Mitglieder zur aktiven Mitarbeit zu motivieren und bei Konflikten zu vermitteln (Krisenmanagement).
- die Arbeitskreise durch zielorientierte Moderation zu begleiten.

3.1.5 Steuerungswissen

Steuerungswissen findet sich in der Identität[294] der "Initiative für Beschäftigung!", welche sich in ihrer (oben beschriebenen) Zielsetzung ausdrückt. Sie kanalisiert und steuert die Interessen von z.B. Unternehmen, Arbeitsamt und Gewerkschaft in Richtung auf ein gemeinsames Ziel.

3.2 Netzwerkstruktur und Handlungsmotive der Mitglieder

Die Teilnahme der Mitglieder durch den motivierenden Einfluss der Netzwerkstruktur zu erklären, ist sehr problematisch. So könnte die Wirkung der motivierenden Aspekte von Netzwerkstrukturen durch eine Vielzahl von Wechselwirkungen gekreuzt werden. Am Beispiel der "Initiative für Beschäftigung!" kann die Vielfältigkeit der Wechselwirkungen schon an der Art der Mitgliederwerbung verdeutlicht werden. Wenn die Initiatoren als einflussreiche und bekannte Persönlichkeiten für ein Netzwerk werben, ist es schwer zu trennen, ob die Mitglieder das Anliegen der Initiative und das Netzwerk wichtig finden, oder lediglich den Initiator. Durch die Mitgliedswerbung und die Einladung zur Auftaktveranstaltung eines Netzwerkes werden die jeweiligen Akteure als relevante Personen für das Thema Arbeit – Arbeitslosigkeit identifiziert, dieses geschieht durch eine einflussreiche Person (dem Netzwerkinitiator). Diese Einladung als Ausdruck von Akzeptanz und Wertschätzung kann für die Vertreter z.B. von Gewerkschaften sowie kleineren Organisationen eine Stärkung ihres Selbstbewusstseins darstellen. Andererseits kann möglicherweise ein verpflichtender Charakter hinzukommen. So ist zu fragen, ob eine regionale ArbeitsamtdirektorIn eine Einladung zur Auftaktveranstaltung ablehnen kann, wenn JAGODA als Präsident der Bundesanstalt für Arbeit diesem bundesweiten Initiativkreis angehört. Die Frage, ob die Verpflichtung gegenüber den Initiatoren, oder aber die Mitarbeit im Netzwerk an sich so motivierend ist, dass die Mitglieder von sich aus gerne dabei bleiben, kann mit Gewissheit nicht beantwortet werden.

Der bundesweite Initiativkreis, die regionalen Initiativkreise und die Arbeitskreise lassen sich getrennt voneinander auf den jeweiligen Ebenen als eigene Verhandlungssysteme beschreiben[295]. Auf der Ebene der regionalen Initiativkreise können Beziehungen, die außerhalb des Netzwerkes liegen, die Autonomie der Beteiligten in Frage stellen, wie dies am Beispiel von ArbeitsamtdirektorInnen schon dargestellt wurde. Die regionalen Initiativkreise sind zumindest durch einen hohen Grad an Autonomie ihrer Mitglieder gekennzeichnet. Dies zeigt sich in der freien Bestimmung des regionalen Handlungsbedarfs sowie der Zieldefinition für das regionale Netzwerk. Offensichtlich ist der verpflichtende Charakter, wenn ein Mitglied des regiona-

---

[294] Hier: Identität als ein Aspekt von Steuerungswissen (vgl. Tab. 5 S. 55).
[295] Siehe Teil zwei zur Funktionslogik von Netzwerken.

len Initiativkreises MitarbeiterInnen ihrer Organisation zur Mitarbeit in Arbeitskreisen abstellt. Für diese MitarbeiterInnen in den Arbeitskreisen ist die Situation im Netzwerk ähnlich, wie die in der eigenen Organisation, da die Vorgesetzten auch im Netzwerk eine kontrollierende Position im Initiativkreis inne haben. Dem Initiativkreis, also den Vorgesetzten aus den eigenen Organisationen, müssen die Ergebnisse der Arbeitsgruppe zur Beurteilung vorliegen. Hier spielen die Arbeitsverhältnisse, wie sie in den jeweiligen Organisationen vorherrschen, mit hinein.

In Bezug auf die Vertrauensbildung lässt sich auf der Ebene der Arbeitskreise die Startphase der Arbeitsgruppe hervorheben. In ihr werden die Erwartungen sowie die Potenziale und die Bereitschaft zur Beteiligung der Mitglieder am Arbeitskreis ausgetauscht. Auf dieser Basis werden die allgemeinen Ziele der Arbeitsgruppe differenziert und festgelegt. Nach diesen Zielen werden die Projektideen ausgerichtet. Dieser Prozess der Koordination und der Entwicklung eines Konsenses wird durch ModeratorInnen vom IFOK[296] geleitet und betreut. Betrachtet man die Arbeitskreise als geschlossenes Verhandlungssystem, kann für die Bildung von Vertrauen und Motivation zur Arbeit an Projekten von einer günstigen Ausgangslage ausgegangen werden. Die Erzeugung von Vertrauen zwischen den Akteuren in einer Region ist auch ein ‘offizielles indirektes Ziel’ der "Initiative für Beschäftigung!".

4. Fazit

Die "Initiative für Beschäftigung!" kann als ein Netzwerk bezeichnet werden, welches in der Lage ist, umfassend Ressourcen wie Wissen/Informationen, verantwortliche Personen und Kapital zusammenzuführen und auf ein Thema hin zu konzentrieren. Ein erfolgreiches Wissensmanagement, wie es in Teil drei der Arbeit beschrieben wird, findet allerdings nicht statt. Die Projektarbeit wird von der Initiative nicht evaluiert,[297] somit fehlt die Basis der Qualitätssicherung. Dem Wissensmanagement fehlt genaugenommen das Wissen um eine Weiterentwicklung von Projekten zu ermöglichen. Das heißt nicht, dass in der "Initiative für Beschäftigung!" keine Ideen entwikkelt werden, aber diese lassen sich nicht auf ein Wissensmanagement zurückführen, sondern auf einzelne Personen bzw. der Arbeit eines Arbeitskreises. Der Informationsaustausch dient eher dem Nachahmen als dem Weiterentwickeln.[298] Der innovative Charakter der "Initiative für Beschäftigung!" liegt somit weniger im Produkt, als vielmehr in der Art und Weise wie dieses Produkt zustande kommt. Die "Initiative für

---

296 Sofern das IFOK für die Betreuung des regionalen Netzwerkes beauftragt ist.

297 Hierzu sei erwähnt, das die fehlende Evaluation nicht auf ein organisatorisches Problem zurückzuführen ist, sonder sich auf interne Widerstände begründet.

298 Der Verdacht liegt nahe, dass eine geschlossene Organisation wie z.B. die Firma Maatwerk mit dem Ziel der Vermittlung von Langzeitarbeitslosen und Sozialhilfeempfängern in den ersten Arbeitsmarkt, effizienter arbeiten kann. Maatwerk vermittelt in fünf europäischen Länder jährlich 10.000 Personen. Vgl. Beispiele innovativen Handelns.

Beschäftigung!” erscheint als Arbeitsumfeld, vor dem Hintergrund der Darstellung im dritten Teil, aufgrund ihre starken Implementierung hierarchischer Koordination als eher ungünstig. Dennoch birgt die Netzwerkstruktur der Initiative eine Qualität, die in der sozialen Realität noch unüblich ist. Denn auf den jeweiligen Ebenen arbeiten Menschen zusammen an einem Ziel, die sich bis dahin teilweise nur als Konkurrenten oder Gegner kannten. Die soziale Innovation besteht darin, dass Personen, die auf einem Gebiet Konkurrenten sind, auf einem anderen Gebiet gemeinsam Verantwortung übernehmen. Vor allem geschieht dies nicht nur auf abstrakter organisatorischer Ebene, sondern durch persönliche Anwesenheit im Initiativkreis oder den Arbeitskreisen. Genau in diesem Punkt liegt auch ein großes Konfliktpotenzial, aber eben auch das Potenzial, langfristig eine differenziertere Sicht der Dinge zu gewinnen und damit die Möglichkeit angemessenere Lösungen auf regionaler Ebene zu finden.

Teil 5: Schluss

1. Zusammenfassung

Die Entwicklung hin zur einer 'Netzwerkgesellschaft' wird als pfadabhängige Entwicklung betrachtet. Dieser Entwicklungspfad (Vgl. Abbildung 1: gesellschaftlicher Entwicklungspfad) ist einerseits gekennzeichnet durch die Gefährdung des 'sozialstaatlichen Kompromisses' aufgrund der durch die Globalisierung entstehenden Steuerungsdefizite und Legitimitätsverluste des Nationalstaates.[299] Zum anderen werden Institutionen als Garanten für Sicherheit durch risikoerzeugende Entscheidungen konflikthaft. Aufgrund der daraus entstehenden Ambivalenz wird das Politische subjektiv, Kritik demokratisiert.[300] Das Leben und Handeln in Ungewissheit und Ambivalenz wird zu einer Grunderfahrung. Auf theoretischer Ebene stellt der Pfad gesellschaftlicher Entwicklung einen evolutiven Prozess dar, welcher sich aus 'zusammenhangsloser Homogenität' in Richtung 'zusammenhängender Heterogenität' entwickelt.

Als zentralen Punkt wurden Netzwerke als emergente Phänomene herausgearbeitet. Sie entstehen als selbstreferentielle, autopoietische Systeme und sind gekennzeichnet durch ihre kollektive Handlungsfähigkeit, polyzentrische Struktur, und Effizienzgewinne durch Vielfachzurechnung. Bei der Einschränkung auf Policy-Netzwerke wurden die Mitglieder als autonome Akteure, die jedoch bei der Problemlösung aufeinander angewiesen sind, beschrieben.

Aufgrund der Konstitution des Netzwerkes als selbstreferentielles System, wurden im dritten Teil die Möglichkeiten aufgezeigt, Netzwerke als wissensbasierte Systeme zu entwickeln. Teile des Wissens der Personen wird von ihnen entkoppelt und in die Netzwerkstruktur implementiert, dies eröffnet dem Netzwerk die Möglichkeit einen Grad an Komplexität zu bewältigen, welcher von Personen allein nicht zu erfassen ist. Dabei sind Netzwerk und Mitglieder aufeinander angewiesen. Dieses wird als Grundlage und gleichzeitig als besondere Fähigkeit zur Bewältigung gesellschaftlicher Komplexität auf der Makroebene angesehen (Vgl. Abbildung 1). Auf der Ebene der Beziehung von Individuum und System (Vgl. Abbildung 1: Mikroebene) stellen Netzwerke einen Ausbau von emotionalen Strukturaspekten dar, welche den Bedürfnissen der Akteure im Netzwerk entgegenkommen. Ein wesentlicher Punkt ist hierbei, die Konstitution des Akteurs als subjektive entscheidungsfähige Persönlichkeit und nicht als reine Funktionsrolle.

---

[299] Vgl. Teil 1, Kap 2.1.
[300] Vgl. Teil 1, Kap 2.2.

Das Beispiel der "Initiative für Beschäftigung!" mit der Zielsetzung institutions- und organisationsübergreifend Verantwortung für das Problem der Arbeitslosigkeit zu übernehmen, kann aus der Perspektive der 'Netzwerkgesellschaft' ohne Differenzen betrachtet werden. Die theoretische Einordnung "Initiative für Beschäftigung!" (Vgl. Abbildung 1: 'Netzwerkgesellschaft' als Entwicklungspfad) kann jedoch an den im dritten Teil ausgearbeiteten Argumentationslinien aufgrund fehlender Evaluation nicht nachvollzogen werden.

2. Ergebnis / Schlussfolgerung

Das Potenzial von Netzwerken (Policy-Netzwerken) sozialen Wandel anzustoßen, gründet sich in der Annahme hoher Steuerungsfähigkeit von Netzwerken. In diesem Zusammenhang wurde der Umgang von Policy-Netzwerken mit Wissen als Steuerungsressource untersucht. Aufgrund der relativ geringen Hierarchie und hohen Kontinuität der Struktur von Netzwerken gegenüber der Struktur von Markt und Organisation, können Netzwerke als ein günstiger Rahmen für dichten und freien Umgang mit Informationen bezeichnet werden. So können Netzwerke Wissen zur Steuerungsressource besser einsetzen als Markt oder Hierarchie. Netzwerke können somit eine Weiterführung der Steuerung durch Markt und Hierarchie darstellen, nicht jedoch einen Ersatz, da nach dem Ansatz von TEUBNER Markt und Hierarchie im Netzwerk als Prinzipien enthalten und eingebettet sind.

Die Konstitution des Netzwerkes aus tendenziell autonomen Akteuren im Rahmen emotional geprägter Strukturen stellen gute Bedingungen für die Motivation zur Teilnahme an einem Netzwerk dar. Leider kann hier nur von der potenziellen Möglichkeit ausgegangen werden, wie es auch im Beispiel der "Initiative für Beschäftigung!" aufgezeigt wird. Es gibt vielfältige Konstellationen von Bedingungen, welche die angesprochenen Potenziale von Netzwerken unwirksam oder unzugänglich machen. Dies ist auch einer der wichtigsten zu klärenden Fragen: Wie sehen die Bedingungen für Netzwerke in der Realität aus? Lassen sich die theoretischen Vorteile von Netzwerken in der Realität verwirklichen?

Als Erkenntnis kann festgehalten werden, dass Netzwerke aufgrund ihrer Wissensbasis ein komplexeres Bild eines Problemzusammenhangs entwickeln können, als es den einzelnen Organisationen möglich ist. Sehr anschaulich ist hier das Beispiel der NASA mit ihrem technischen Wissensmanagement, aber auch die "Initiative für Beschäftigung!" mit Organisation und Rekrutierung ihrer Mitglieder. Hervorzuheben ist dabei die veränderte Sichtweise die man als themen- oder problemzentriert bezeichnen kann. Die Aufgaben werden nicht um die Möglichkeiten der Organisation herum konstruiert, sondern das Netzwerk bildet und entwickelt sich um die zu bewältigende Aufgabe. Die, durch diese Umorientierung, veränderten Beziehungen zwischen Organisation, Individuum, Staat und Institution wären das Hauptmerkmal einer 'Netzwerkgesellschaft', einer sogenannten Postmoderne.

Zudem kommt die Wissensbasierung einer Struktur gleichzeitig humanen Bedürfnissen entgegen. Dies begründet sich darin, dass der Mensch als Wissensproduzent und Wissensträger (Know-how) wichtig ist und sich in dieser Eigenschaft als 'kritisches Gut' nur begrenzt instrumentalisieren lässt. GERHARDS sieht in dem steigenden Bedarf an emotionalen Strukturen eine Gegenbewegung auf dem Weg zur Postmoderne.[301] Mit dem Bedarf an emotionalen Strukturen als Gegenbewegung bezieht sich GERHARDS auf den Prozess der Affektkontrolle, wie ihn ELIAS beschrieben hat. ELIAS geht davon aus, dass die Entwicklung von Gesellschaft mitunter auf die Entwicklung von drei Kontrollebenen zurückzuführen ist, der Kontrolle von der Natur, von gesellschaftlichen Zusammenhängen und der Kontrolle individueller Affekte.[302] Aus dieser Perspektive ist die Entwicklung von emotional geprägten Strukturen eine grundsätzliche Änderung der Entwicklungsrichtung von Strukturen, was nicht heißt, dass damit ein Abbau von Affektkontrolle angestrebt wird. Die Kontrolle von Affekten wird in einem zunehmendem Maße dem Individuum überlassen, welches sich auch in den steigenden Anforderungen an 'weiche Kompetenzen' wie Teamfähigkeit, Konfliktfähigkeit und Kommunikationsfähigkeit ausdrückt. Die Entwicklung zu einer durch Netzwerke strukturierten Gesellschaft, als eine Änderung der Entwicklungsrichtung, kann auch als sozialer Wandel bezeichnet werden.

3. Kritik

Wissensmanagement in Netzwerken zur Entwicklung und Innovation, scheint im ersten Augenblick sehr leistungsfähig und vielversprechend zu sein. Doch auch solche Systeme sind nicht unfehlbar, was sich auch am Beispiel der NASA zeigen lässt. Neben sieben Millionen Seiten Informationen über die Energieversorgung in ihrer neuen Raumstation, verkauften sie versehentlich auch zwei Tanks im Wert von jeweils rund 375 000 Dollar für 50 Dollar an einen Schrotthändler.[303] In einem Atomkraftwerk, oder bei (Friedens-) Verhandlungen im Kosovo oder Irland, wären die Folgen fehlerhafter Verknüpfungen oder falscher Informationen katastrophal. Das einfach nur Mehr-Wissen scheint die Probleme der Risikogesellschaft nicht lösen zu können.[304] Ein weiteres Problem der Entwicklung im Netzwerk besteht in der Reduzierung unabhängig voneinander parallel laufender Entwicklungen, welche von ver-

---

301 Vgl. GERHARDS (1988); S. 235.

302 Die Affektkontrolle ermöglicht es dem Individuum, sich ein sachgerechtes Bild von gesellschaftlichen oder naturwissenschaftlichen Zusammenhängen zu schaffen, welche die Grundlage für die Kontrolle der Zusammenhänge darstellen. Vgl. ELIAS (1970); S. 173.

303 Vgl. AUGSTEIN (Hg.); der Spiegel Nr. 11/13.3.2000; S. 290; Siehe auch Anhang 3.

304 Vgl. Willke (1995); S. 234.

schiedenen Akteuren betrieben werden. Diese Einschränkung reduziert die allgemeine Kontingenz der Entwicklungen in einer Gesellschaft. Von einem Rückschlag der Entwicklung in einem Bereich, kann aufgrund mangelnder Kontingenz, eine stärkere Bedrohung durch Mangel an Alternativen für eine Gesellschaft ausgehen.[305]

Ein weiteres Problem des Wissens und der Wissenserzeugung ergibt sich aus der ethischen Frage, ob Wissen prinzipiell als gut betrachtet werden kann und daraufhin eine Steuerung durch Wissen legitimiert werden kann. Wenn Wissen nach seiner Qualität beurteilt werden muss, stellt sich die Frage, wer das tun soll. Können Maßstäbe wissenschaftlichen Arbeitens diese Kontrolle leisten?[306] Schon in der "Initiative für Beschäftigung!" wird dieses Problem relevant. Die Qualität des Wissens ist z.B. entscheidend für die Auswahl der Mitglieder eines regionalen Netzwerkes durch einen Initiator. Von dieser Auswahl der Mitglieder wird die Qualität und Legitimität der Lösung, die für eine Region erarbeitet wird, mit beeinflusst. Wer kann und soll die Auswahl wirklich kompetenter und für eine Region wichtiger Akteure beurteilen? An diesem Punkt kann eine umfassendere Diskussion um die Gerechtigkeit und Legitimität von Netzwerken angeknüpft werden.[307]

Im weiteren müsste noch erarbeitet werden, welche Art der Probleme sich mit Netzwerken wissensbasiert bearbeiten lassen. THOMAS zeigt in seiner Arbeit, dass der Kern vieler Probleme auf Rivalität beruht. Daraus können sich Konfliktsituationen ergeben die nicht lösbar oder vermittelbar sind. Im Glauben, alle Probleme lösen zu können, werden diese Konflikte tendenziell eher verdrängt und verlagert. THOMAS beschreibt den Geist der Zeit geprägt von einem "Problem-Lösungs-Wahn".[308] Daraufhin wäre zu fragen, ob es genügend Probleme gibt, die in einem Netzwerk zu lösen sind, bzw. für die ein Netzwerk geeignet ist, so dass der Wandel zu einer, von Netzwerken strukturierten Gesellschaft, sich auch am Bedarf an Netzwerklösungen ermitteln lässt.

Interessanter Weise gibt es fast zu jedem in dieser Arbeit angeschnittenen Thema eine Theorie, die das Gegenteil behauptet. Dies beginnt bei der Globalisierung[309], für den Netzwerkansatz[310] und das Wissensmanagement[311] reicht die Ablehnung eines kollektiven Akteurs[312] aus, um die Argumentation der vorliegenden Arbeit zu kippen.

---

305 Vgl. MEYER (1994); S. 17.

306 In Anbetracht von 'Kriegstechnologien', Atomkraft, Großindustrie und Gentechnologie ist die Trennung von Forschung, Entwicklung und Anwendung sehr problematisch.

307 Konsens im Verhandlungssystem ist gut und schön, die Qualität des Konsens ist auch davon abhängig wer wie vertreten ist und wer fehlt. Vgl. MESSNER (1995); S. 264ff, Scharpf (1991); S. 625.

308 Vgl. Thomas (1990); S. 6.

309 Vgl. HIRST/THOMPSON (1998). S. 85ff.

310 Vgl. TEUBNER (1996); S. 535ff.

311 Vgl. WILLKE (1998).

312 Vgl. WEBER (1972); S. 6f, WILLIAMSON (1996); S. 167.

Auch eine empirische Untersuchung von HELLMER/FRIESE/KOLLROS/ KRUMBEIN stellt den Erfolg von wirtschaftlichen und politischen Netzwerken auf regionaler Ebene weit unter den Erwartung dar.[313] Zu fragen ist auch: Wie lässt sich der in dieser Arbeit dargestellte Netzwerktyp als wissensbasierte Organisationsform von Vetternwirtschaft oder von alt hergebrachten Beziehungen unterscheiden?

In Ergänzung zu der vorliegenden Arbeit, wäre eine Arbeit, die eine Gegenthese verfolgt sicherlich sehr hilfreich um den hier besprochenen Sachverhalt umfassender zu verstehen. Aus einer konstruktivistischen Perspektive heraus könnte eine solche Arbeit Netzwerke nicht als eine neue Erscheinung, sondern als eine neue Interpretation von alten Zusammenhängen entlarven. Wobei diese neue Interpretation wiederum Auswirkungen auf Verhalten und Erwartungen haben wird und somit eventuell Netzwerke über den Weg selbsterfüllende Prophezeiung entwickelt. Auch hierfür könnte die "Initiative für Beschäftigung!" ein Beispiel sein, welches mit einem starken Bewusstsein, nämlich als Netzwerke organisationsübergreifend tätig zu sein, agiert. Für diese Sichtweise von Netzwerken als ein konstruktivistische Interpretation, spricht auch das Fehlen einer allgemeinen Netzwerkdefinition bzw. einer allgemeinen Begriffsbestimmung von Netzwerken.

Der, in der vorliegenden Arbeit aufgedeckte Zusammenhang zwischen Wissensorientierung einer Struktur und den damit verbundenen Aspekten emotionaler Struktur, welche humanen Bedürfnissen entgegenkommen, macht es lohnenswert an diesem Thema weiter zu arbeiten. Bei einer Weiterführung wäre es wichtig, Aspekte der Legitimation von Netzwerken oder von emotionalen Aspekten von Strukturen mit zu bearbeiten.

---

313 In dieser Untersuchung wird dem Netzwerk der Charakter eines Steuerungsmediums jenseits von Markt und Hierarchie abgesprochen und als Mythos einer normativ geprägten theoretischen Diskussion zugeschrieben. Netzwerke werden eher als instrumentelle Hilfsmittel betrachtet. Vgl. HELLMER/FRIESE/ KOLLROS/KRUMBEIN (1999); 245ff.

Der Mensch
die wohl
geheimnisvollste
Spezies unseres Planeten.
Ein Mysterium offener
Fragen... Wer sind wir?
Woher kommen wir?
Wohin gehen wir? Woher
wissen wir, was wir zu
wissen glauben? Wieso
glauben wir überhaupt
etwas?
Unzählige Fragen, die
nach einer Antwort
suchen, einer Antwort,
die wieder eine neue
Frage aufwerfen wird,
und die nächste Antwort
wieder nächste Fragen
und so weiter und so
weiter....
Doch ist es am Ende
nicht immer wieder die
gleiche Frage... und
immer wieder die gleiche
Antwort?

Prolog zum Film 'Lola rennt' von Tom Tykwer
Als Student der Soziologie
kommt mir dieses Konstrukt von Frage und Antwort verdächtig bekannt vor

Anhang

Anhang 1: Evolution als Stufenmodell gesellschaftlichen Wandels

Aus der Perspektive der Entwicklungsökonomie formulierte ROSTOW mit dem Ziel einen theoretischen Weg für die nachholenden Entwicklung der "Dritten Welt" zu bereiten, die Theorie der Stufen wirtschaftlichen Wachstums. Er gliederte wirtschaftliches Wachstum in fünf Stufen.[314]

MARX und ENGELS entwickelten den dialektischen und historischen Materialismus. Sie gehen von der materiellen Verfasstheit des menschlichen Seins als Grundsatz aus. MARX beschreibt eine Gesellschaftstheorie, die auf fünf aufeinanderfolgenden Stufen aufbaut.[315] In der folgenden Übersicht sind die beiden Stufentheorien von ROSTOW und MARX kurz dargestellt.

Die Frage nach Modernisierung und Entwicklung tauchte in der Entwicklungsökonomie in den 50ger Jahren mit dem Interesse der nachholenden Modernisierung von Entwicklungsländern auf. Modernisierung wird in diesem Zusammenhang auch als Synonym für "Entwicklungsprozess der Entwicklungsländer" und für "Kulturwandel"," sozialer Wandel" und "Verwestlichung" verwendet.[316] Aus der Perspektive nachholender Entwicklung der Dritten Welt wird der Stadientheorie, der marxistischen Modernisierungstheorie sowie der Modernisierungstheorie allgemein vorgeworfen, dass sie den Entwicklungsländern gewissermaßen die soziale, politische und ökonomische Entwicklung der Industrieländer als Norm vorgibt, der diese nun nacheifern sollen.[317]

314 Vgl. ROSTOW (1961); S. 18-32.
315 Vgl. Marx (1997 zuerst 1848).
316 Vgl. WAGNER/KAISER (1995); S.6 u. 34; NUSCHELER (1996); S. 43ff.
317 Vgl. WAGNER/KAISER (1995); S. 37.

Stadien wirtschaftlicher Entwicklung ROSTOW	**Historischer Materialismus** MARX
1. Traditionelle Gesellschaft 2. Anlaufstadium oder Gesellschaft im Übergang 3. Wirtschaftlicher Aufstieg (take off) 4. Reifestadium 5. Massenkonsumphase (6.) Suche nach neuen Qualitäten[318]	1. Urgemeinschaft 2. Sklavenhaltergesellschaft 3. Feudalistische Gesellschaft 4. Kapitalistische Gesellschaft 5. Kommunistische Gesellschaft
An der ROSTOWschen Stadientheorie wird kritisiert, dass sie nicht erklärt wie diese Entwicklung zustande kommt. Die Gesetzmäßigkeiten der Stadientheorie leitet ROSTOW aufgrund historischer Beobachtungen ab.[319]	Als Triebkräfte des Übergangs der einzelnen Stufen sieht MARX Widersprüche im Arrangement der Produktionsverhältnisse und der sich antagonistisch gegenüberstehenden Klassen.[320]

Übersicht der Stufenmodelle von ROSTOW und MARX

Im Gegensatz zu den Stufenmodellen versucht die kritische Theorie (ARDONO, HORKHEIMER, MARCUSE), die Gesellschaft ohne axiomatischer Vorurteile und Zukunftsvisionen zu untersuchen. Die kritische Theorie geht bei der Entwicklung von einem umfassenden gesellschaftlichen Strukturwandel aus, welcher zum Ziel die Annäherung an eine Utopie hat. Diese Utopie ist ein bildnerischer Entwurf einer Gesellschaft, in der individuelle Freiheit und Gerechtigkeit verwirklicht werden soll.[321] Aspekte wie Rationalität, Freiheit und Fortschritt wurden implizit oder explizit unter die systemischen Eigenschaften subsumiert.[322]

---

318 Die sechste Stufe ist von ROSTOW nicht näher definiert, er vermutet aber, dass eine Neuorientierung vom Massenkonsum zur sozialer Wohlfahrt, Freizeit und Bildung stattfinden könnte. Vgl. ROSTOW (1961); S. 27f.

319 Vgl. WAGNER/KAISER (1995); S. 37.

320 Vgl. KLEIN (1998); S. 169f.

321 Vgl. KLEIN (1998); S. 173.

322 Vgl. EISENSTADT (1973); S. 49.

Anhang 2: Mitglieder des Initiativkreises

Dr. Siegfried Balleis	Oberbürgermeister Stadt Erlangen
Werner Bandle	Mitglied des Vorstandes BASF Coatings AG
Helmut Becks	Mitglied des Vorstandes, Arbeitsdirektor der BASF AG
Dr. Norbert Bensel	Mitglied des Vorstandes der Daimler-Chrysler Services (debis) AG
Dr. Ernst-Uwe Bufe	Vorsitzender des Vorstandes der Degussa-Hüls AG
Paul Coenen	Mitglied des Vorstandes der Degussa-Hüls AG,
Elmar J. Deutsch	Vorsitzender des Vorstands der Dow Deutschland Inc.
Jörg Menno Harms	Vorsitzender der Geschäftsführung der Hewlett-Packard GmbH
Dr. Tessen von Heydebreck	Deutsche Bank AG
Heinz-Eberhard Holl	Oberkreisdirektor des Landkreises Osnabrück
Dr. Dieter Hundt	Präsident der Bundesvereinigung der Deutschen Arbeitgeberverbände
Bernhard Jagoda	Präsident der Bundesanstalt für Arbeit
Dr. Manfred Krüper	Mitglied des Vorstandes VEBA AG
Klaus Peter Löbbe	Vorsitzender desVorstandes BASF Coatings AG
Dr. Klaus Mangold	Vorsitzender des Vorstandes der Daimler-Chrysler Services (debis) AG
Prof. Dr. Joachim Milberg	Vorsitzender des Vorstandes der BMW AG
Reinhard Mohn	Mitglied des Vorstandes der Bertelsmann Stiftung
Dr. Hugo Müller-Vogg	Herausgeber der Frankfurter Allgemeinen Zeitung
Dr. Michael Otto	Vorsitzender des Vorstandes der Otto GmbH & Co.
Hubertus Schmoldt	Vorsitzender der IG Bergbau, Chemie, Energie
Dr. Hermann Scholl	Vorsitzender der Geschäftsführung der Robert Bosch GmbH
Christian Schramm	Oberbürgermeister der Stadt Bautzen
Prof. Dr. Ekkehard Schulz	Vorsitzender des Vorstandes der Thyssen AG
Prof. Dr. Wilhelm Simson	Vorsitzender des Vorstandes der VIAG
Walter Christian Steinbach	Regierungspräsident des Regierungsbezirkes Leipzig
Prof. Dr. Jürgen F. Strube	Vorsitzender des Vorstandes der BASF AG
Dr. Horst Teltschik	Vorstand für Wirtschaft und Politik der BMW AG
Dr. Mark Wössner	Vorsitzender des Vorstandes der Bertelsmann Stiftung
Bernd Wrede	Vorsitzender des Vorstandes der Hapag Lloyd AG

Anhang 3: „Kostbarkeit auf dem Müll“

„Im Zusammenhang mit der geplanten Raumstation, deren Bau ohnehin schon weit aus dem Zeitplan geraten ist, leidet die NASA unter Schlamperei. Zwei jeweils rund 375 000 Dollar teure Sauerstoff- und Stickstofftanks sind unter der Obhut des Luft- und Raumfahrtunternehmens Boeing auf dem Marshall Space Flight Center spurlos verschwunden. Zunächst nahm Boeing an, dass die Bauteile versehentlich auf dem Müll gelandet wären. Arbeiter haben daraufhin die Müllhalde “ziemlich intensiv durchsucht”, so ein Sprecher, aber nichts von Wert gefunden. Nun gibt es Hinweise, wonach die teuren Tanks an einen Ramschhändler verhökert wurden – für 50 Dollar.”

AUGSTEIN (Hg.) der Spiegel Nr. 11/13.3.2000; S. 290.

Literaturverzeichnis

BACKHAUS, KLAUS/MEYER, MARGIT (1993) Strategische Allianzen und strategische Netzwerke; WiSt Heft 7 Juli 1993.

BAEKER, DIRK (1994) Experiment Organisation; Lettre International.

BARNARD, CHESTER (1938) The Functions of the Executive; Cambridge.

BATESON, GREGORY (1972) Steps to an Ecology of Mind; New York.

BAUMAN, ZYGMUNT (1992) Moderne und Ambivalenz; Hamburg.

BECK, ULRICH (1998) Politik der Globalisierung; Frankfurt a.M.

BECK, ULRICH/GIDDENS, ANTHONY/LASH, SCOTT (1996) Reflexive Modernisierung; Eine Kontroverse; Frankfurt a.M.

BECK, ULRICH (1993) Die Erfindung des Politischen; Zu einer Theorie reflexiver Mdernisierung; Frankfurt a.M.

BECK, ULRICH (1990) Der Konflikt der zwei Modernen; In: ZAPF, WOLFGANG (Hg.); Die Modernisierung moderner Gesellschaften. Verhandlungen des 25. Deutschen Soziologentages; Frankfurt a.M./New York.

BECK, ULRICH (1986) Risikogesellschaft; Auf dem Weg in eine andere Moderne; Frankfurt a.M.

BENDIX, REINHARD (1969) Modernisierung in internationaler Perspektive; In: ZAPF, WOLFGANG (Hg.); Theorien sozialen Wandels; Köln/Berlin.

BENZ, ARTHUR (1998) Politikverflechtung ohne Politikverflechtungsfalle; Koordination und Strukturdynamik im europäischen Mehrebenensystem; Politische Vierteljahresschrift; 39. Jg. (1998); Heft 3

BMB+F (1998) Delphi-Befragung 1996/1998; Potentiale und Dimensionen der Wissensgesellschaft – Auswirkungen auf Bildungsprozesse und Bildungsstrukturen; München/Basel.

BRAUN, DIETMAR (1993) Zur Steuerbarkeit funktionaler Teilsysteme; Akteurstheoretische Sichtweise funktionaler Differenzierung moderner Gesellschaften; In: HÉRITIER, ADRIENNE (Hg.); Policy-Analyse; Kritik und Neuorientierung; Opladen.

BRUNNENGRÄBER, ACHIM/WALK, HEIKE (1997) Die Erweiterung der Netzwerktheorien: Nicht-Regierungs-Organisationen verquickt im Markt und Staat; In: ALTVATER, ELMAR/ BRUNNENGRÄBER, ACHIM/HAAKE, MARKUS/WALK, HEIKE; Vernetzt und verstrickt; Nicht-Regierungs-Organisationen als gesellschaftliche Produktivkraft; Münster.

BUCKLEY, A.D./CASSON, M. (1988) A Theory of Cooperation in International Business; In: CONTRACTOR, F./LORANGE, P. (Hg.); Cooperative Strategies in International Buisness; Lexington.

CASTELLS, MANUEL (1996) The Rise of the Network Society; (The Information age. Economy, Society and Culture, vol. 1). Cambridge/Oxford.

CERNY, PHILIP G. (1998) Globalisierung und die neue Logik kollektiven Handelns; In: BECK, ULRICH (Hg.); Politik der Globalisierung; Frankfurt a.M.

COHN, RUTH (1994) Gucklöcher; Gruppendynamik Heft 4, 25. Jahrg.

COHN, RUTH (1979) Themenzentrierte Interaktion; Ein Ansatz zum Sich-Selbst- und Gruppenleiten; In: HEIGL-EVERS, A. (Hg.); Lewin und die Folgen, Psychologie des 20. Jahrh. Bd. 8, München.

COHN, RUTH (1975) Von der Psychoanalyse zur Themenzentrierten Ineraktion; Stuttgart.

DURKHEIM, EMILE (1977) Über die Teilung der sozialen Arbeit; Frankfurt.

EISENSTADT, SAMUEL N. (1979) Tradition, Wandel und Modernität; Frankfurt a.M.

ELIAS, NORBERT (1970) Was ist Soziologie? München.

FREY, BRUNO S. (1997) Ein neuer Förderalismus für Europa; Die Idee der Focj; Tübingen.

FRIEDBERG, EBERHARD (1995) Ordnung und Macht; Dynamiken organisierten Handelns; Wohlfahrtspolitik und Sozialforschung; Bd. 3; Frankfurt/New York.

FUCHS-HEINRITZ, WERNER (1994) Konvergenzthese, Konvergenztheorie; In: FUCHS-HEINRITZ/ LAUTMANN/RAMMSTED/WEINHOLD (Hg.); Lexikon zur Soziologie; 3. Aufl.; Opladen.

GIDDENS, ANTHONY (1998) Der dritte Weg; Die Erneuerung der sozialen Demokratie; Frankfurt a.M.

GIDDENS, ANTHONY (1996) Konsequenzen der Moderne; Frankfurt a.M.

GORDON, R.W. (1985) Macaulay, Macneil, and the Dicovery of Solidarity and Power in Contract Law; Wisconsin Law Review 3.

GRANDE, EDGAR (1995) Regieren in verflochtenen Verhandlungssysthemen; In: MAYNTZ, RENATE/SCHARPF, FRITZ W. (Hg.); Gesellschaftliche Selbststeuerung und politische Steuerung; Frankfurt a.M./New York.

HABERMAS, JÜRGEN (1998) Jenseits des Nationalstaats? Bemerkungen zu Folgeproblemen der wirtschaftlichen Globalisierung; In: BECK, ULRICH (Hg.); Politik der Globalisierung; Frankfurt a.M.

HAYEK, FRIEDRICH VON (1945) The Use of Knowledge in Society; American Economic Review 35.

HELLMER, FRIEDHELM/FRIESE, CHRISTIAN/KOLLROS, HEIKE/KRUMBEIN, WOLFGANG (1999) Mythos Netzwerke; Regionale Innovationsprozesse zwischen Kontinuität und Wandel; Berlin.

HISCHMAN, ALBERT O. (1993) Entwicklung, Markt und Moral; Abweichende Betrachtungen; Frankfurt a.M.

HUNTINGTON, SAMUEL (1991) Democraty's Third Wave; Journal of Democraty 2 (2).

IWÖ/IFOK (1997) Institutionelle Reformen für eine Politik der Nachhaltigkeit; Studie für die Enquente-Kommission "Schutz des Menschen und der Umwelt" des Deutschen Bundestages; St. Gallen/Bensheim.

JÄGER, WIELAND (1993) Arbeits- und Berufssoziologie; In: KORTE, HERMANN/SCHÄFERS, BERNHARD (Hg.); Einführung in Spezielle Soziologien; Opladen.

JUNGERMANN, HELMUT/SLOVIC,PAUL (1993) Charakteristika individueller Risikowahrnehmung; In: KROHN, WOLFGANG/KRÜCKEN, GEORG (Hg.); Riskante Technologien; Reflexion und Regulation;Frankfurt a.M.

KERN, HORST/SCHUMANN,MICHAEL (1984) Das Ende der Arbeitsteilung? Rationalisierung in der industriellen Produktion; München.

KIRBACH, ROLAND (1995) Keine Zeit für Gefühle; in: Die Zeit 11/95.

KLEIN, GABRIELE (1998) Evolution, Wandel, Prozeß; Zur Geschichte der Begriffe und theoretischen Modelle; In: KORTE, HERMANN/SCHÄFERS, BERNHARD (Hg.); Einführung in Hauptbegriffe der Soziologie; 4. Aufl.; Opladen.

KLIMA, ROLF (1994) Neurose; In: FUCHS-HEINRITZ/LAUTMANN/RAMMSTED/WEINHOLD (Hg.); Lexikon zur Soziologie; 3. Aufl.; Opladen.

KRIEGER, DAVID J. (1996) Einführung in die allgegmeine Systemtheorie; München.

LANGMAACK, BARBARA/BRAUNE-KRICKAU, MICHAEL (1995) Wie die Gruppe laufen lernt; Anregungen zum Planen und Leiten von Gruppen; 5. Aufl.; Weinheim/Basel.

LITTEK, WOLFGANG/HEISIG, ULRICH (1986) Rationalisierung von Arbeit als Aushandlungsprozess; In: Soziale Welt; 37 1986.

LUHMANN, NIKLAS (1991) Soziologische Aufklärung 2; 4. Aufl.; Opladen.

LUHMANN, NIKLAS (1990) Die Wissenschaft der Gesellschaft; Frankfurt a.M.

LUHMANN, NIKLAS (1984) Soziale Systeme; Grundriss einer allgemeinen Theorie; Frankfurt a.M.

LUHMANN, NIKLAS (1968) Vertrauen; Ein Mechanismus der Reduktion sozialer Komplexität; Stuttgart.

MACNEIL, IAN R. (1974) The Many Futures of Contracts; Southern California Law Review 47.

MAHNKOPF, B. (1993) Markt, Hierarchie und soziale Beziehungen; In: TREECK, W. V. Umbrüche der gesellschaftlichen Arbeitl; Düsseldorf.

MARTINSEN, RENATE (1992) Theorie politischer Steuerung; auf der Suche nach dem dritten Weg; GRIMMER, KLAUS; Politische Techniksteuerung; Opladen.

MARX, KARL (1997) Das Manifest der Kommunistischen Partei; (Erstauflage 1848) Stuttgart.

MASLOW, A.H. (1954) Motivation and personality; New York.

MAYNTZ, RENATE (1996) Policy-Netzwerke und die Logik von Verhandlungssystemen; In: KENIS, PATRICK/SCHNEIDER, VOLKER (Hg.); Organisation und Netzwerke; Institutionelle Steuerung in Wirtschaft und Politik; Frankfurt/New York.

MAYNTZ, RENATE (1991) Modernization and the Logic of Interorganizational Networks; Max-Planck-Institut für Gesellschaftsforschung, Diskussionspapiert 91/8, Köln.

MAYNTZ, RENATE (1988) Funktionelle Teilsysteme in der Theorie sozialer Differenzierung; In: MAYNTZ, RENATE (Hg.); Soziale Dynammik und politische Steuerung; Theoretische und methodologische Überlegungen; (1997)Frankfurt/New York.

MAYNTZ, RENATE (1987) Politische Steuerung und gesellschaftliche Steuerungsprobleme; In: MAYNTZ, RENATE (Hg.); Soziale Dynammik und politische Steuerung; Theoretische und methodologische Überlegungen; (1997) Frankfurt/New York.

MESSNER, DIRK (1998) Die Transformation von Staat und Politik im Globalisierungsprozess; In: MESSNER, DIRK (Hg.); Die Zunkunft des Staates und der Politik; Möglichkeiten und Grenzen politischer Steuerung in der Weltgesellschaft; Bonn.

MESSNER, DIRK (1997) Netzwerktheorien; Die Suche nach Ursachen und Auswirkungen aus der Krise staatlicher Steuerungsfähigkeit; In: ALTVATER, ELMAR/BRUNNENGRÄBER, ACHIM/HAAKE, MARKUS/WALK, HEIKE (Hg.); Vernetzt und verstrickt; Nicht-Regierungs-Organisationen als gesellschaftliche Produktivkraft; Münster.

MESSNER, DIRK (1995) Die Netzwerkgesellschaft; Wirtschaftliche Etwicklung und internationale Wettbewerbsfähigkeit als Problem gesellschaftlicher Steuerung; Schriften des DIE Bd. 108; Köln.

MEYER, DIRK (1994) Die Forschungs- und Entwicklungskooperation als strategische Allianz; In: WiSt Heft 1 Janur 1994.

NORTH, DOUGLASS (1990) Institutions, Institutional Change and Economic Performance; Cambridge.

NUSCHELER, FRANZ (1996) Lern- und Arbeitsbuch Entwicklungspolitik; 4. Aufl.; Bonn.

OFFE, CLAUS (1994) Der Tunnel am Endes des Lichts; Frankfurt a.M.

OFFE, CLAUS (1987) Die Staatstheorie auf der Suche nach ihrem Gegenstand. Beobachtungen zur aktuellen Diskussion. In: ELLWEIN,THOMAS/HESSE, JOACHIM JENS/MAYNTZ, RENATE/SCHARPF, FRITZ W. (Hg.); Jahrbuch zur Staats- und Verwaltungswirtschaft; Bd 1; Baden-Baden.

PARSONS, TALCOTT (1972) Das System moderner Gesellschaften; München.

PARSONS, TALCOTT (1969) Das Problem des Strukturwandels; Eine theoretische Skizze; In: ZAPF, WOLFGANG (Hg.); Theorien sozialen Wandels; Köln/Berlin.

PAWLOWSKY, PETER (1992) Betriebliche Qualifikationsstrategien und organisationales Lernen; In: STAEHLE, WOLFGANG/CONRAD, PETER (Hg.); Managementforschung 2; Berlin/New York.

PERKMANN, MARKUS (1998) Die Welt der Nertzwerke; Politische Vierteljahresschrift; 30 Jg. (1998) Heft 3.

POLANYI, MICHAEL (1958) Personal Knowledge; Chicago.

POWELL, WALTER W. (1996) Weder Markt noch Hierarchie; Netzwerkartige Organisationsformen; In: KENIS, PATRICK/SCHNEIDER, VOLKER (Hg.); Organisation und Netzwerke; Institutionelle Steuerung in Wirtschaft und Politik; Frankfurt/New York.

RIFKIN, JEREMY (1997b) Das Ende der Demokratie; In: HENSCH, CHRISTIAN/WISMER, ULI (Hg.); Zukunft der Arbeit; Stuttgart.

RIFKIN, JEREMY (1997a) Das Ende der Vollbeschäftigung; In: HENSCH, CHRISTIAN/ WISMER, ULI (Hg.); Zukunft der Arbeit; Stuttgart.

ROSEWITZ, BERND/SCHIMANK, UWE (1988) Verselbständigung und politische Steuerbarkeit gesellschaftlicher Teilsysteme; In: MAYNTZ, RENATE/ROSEWITZ, BERND/SCHIMANK, UWE/SICHWEH, RUDOLF (Hg.); Differenzierung und Verselbständigung. Zur Entwicklung gesellschaftlicher Teilsysteme; Frankfurt/New York.

ROSTOW, WALT W. (1961) Stadien wirtschaftlichen Wachstums; Göttingen.

ROTH, GERHARD (1987) Autopoiese und Kognition; Die Theorie H.R. Maturanas und die Notwendigkeit ihre Weiterentwicklung; In: SCHMIDT, SIEGFRIED J. (Hg.); Der Diskurs des Radikalen Konstruktivismus; Frankfurt a.M.

RUNGALDIER, EDMUND (1984) Wissen; In: RICKEN, FRIEDO (Hg.); Lexikon der Erkenntnistheorie und Methaphysik; München.

SCHANZE, ERICH (1990) Symbiotic Contracts; Exploring Long-Term Agency Structures between Contract and Corporation; In: JOERGES, C. (Hg.); Regulating the Franchise Relatonship; European and Comparative Aspects; Baden-Baden.

SCHARPF, FRITZ (1989) Politische Steuerung und Politische Institutionen; Politische Vierteljahresschrift; 30 Jg. (1989) Heft 1.

SIELERT, UWE (1994) Der wachsenden Kluft zwischen Sachlichkeit und Menschlichkeit entgegenarbeiten; Themenzentrierte Interaktion an der Hochschule; Gruppendynamik; Heft 4, 25.Jahrg.

SCHULZ VON THUN, F. (1990) Miteinander reden; Störungen und Klärungen, Bd. 1; Reinbek.

SIMMEL; GEORG (1922) Soziologie; Untersuchungen über die Formen der Vergesellschaftung; Leipzig.

STHER, NICO (1994) Arbeit, Eigentum und Wissen; Zur Theorie von Wissensgesellschaften; Frankfurt a.M.

TEUBNER, GUNTHER (1984) Verrechtlichung; Begriffe, Merkmale, Grenzen, Auswege; In: KÜBLER, FRIEDRICH (Hg.); Verrechtlichung in Witschaft, Arbeit und sozialer Solidarität; Vergleichende Analysen; Baden-Baden.

THOMPSON, J. D. (1967) Organisation in Action; New York.

VOLLMERS, BURKHARD (1999) Streben, leben und bewegen; kleiner Abriß der Motivationspsychologie; Göttingen.

WAGNER, NORBERT/KAISER, MARTIN (1995) Ökonomie der Entwicklungsländer; 3. Aufl.; Stuttgart/Jena.

WEBER, MAX (1972) Wirtschaft und Gesellschaft; 5. Aufl.;Tübingen.

WELSCH, WOLFGANG (1987) Unsere postmoderne Moderne; Weinheim.

WEYMANN, ANSGAR (1998) Sozialer Wandel; Theorie zur Dynamik der modernen Gesellschaft; Grundlagentexte Soziologie; Weinheim/München.

WILENSKY, HAROLD (1996) Organizational Intelligence; Knowledge and Policy in Goverment and Industry; New York.

WILLIAMSON, OLIVER E. (1996) Vergleichende ökonomische Organisationstheorie; Die Analyse diskreter Strukturalternativen; In: KENIS, PATRICK/SCHNEIDER, VOLKER (Hg.); Organisation und Netzwerke; Institutionelle Steuerung in Wirtschaft und Politik; Frankfurt/ New York.

WILLKE, HELMUT (1998) Systemisches Wissensmanagement; Stuttgart.

WILLKE, HELMUT (1995) Systemtheorie III; Steuerungstheorie; Stuttgart/Jena.

WILLKE, HELMUT (1987) Entzauberung des Staates; Grundlinien einer systemtheoretischen Argumentation; In: ELLWEIN,THOMAS/HESSE, JOACHIM JENS/MAYNTZ, RENATE/ SCHARPF, FRITZ W. (Hg.); Jahrbuch zur Staats- und Verwaltungswirtschaft; Bd 1; Baden-Baden.

ZAPF, WOLFGANG (1998a) Entwicklung und Sozialstruktur moderner Gesellschaften; In: KORTE, HERMANN/SCHÄFERS, BERNHARD (Hg.); Einführung in Hauptbegriffe der Soziologie; 4. Aufl.; Opladen.

ZAPF, WOLFGANG (1998b) Entwicklung und Zukunft moderner Gesellschaft seit den 70er Jahren; In: KORTE, HERMANN/SCHÄFERS, BERNHARD (Hg.); Einführung in Hauptbegriffe der Soziologie; 4. Aufl.; Opladen.

ZAPF, WOLFGANG (1996) Die Modernisierungstheorie und unterschiedliche Pfade der gesellschaftlichen Entwicklung; Leviathan-Zeitschrift für Sozialwissenschaften; Heft 1; 1996.

ZÜRN, MICHAEL (1998) Schwarz-Rot-Grün-Braun; Reaktionsweisen auf Denationalisierung; In: BECK,ULRICH (Hg.); Politik der Globalisierung; Frankfurt a.M.

ZÜRN, MICHAEL (1996) Über den Staat und die Demokratie im europäischen Mehrebenensystem; Politische Vierteljahresschrift; 37. Jg. 1996; Heft 1.

Graue Literatur – Sonstige Quellen

BERTELSMANN STIFTUNG (JULI 1999) Projektbroschüre der „Initiative für Beschäftigung!".

INITIATIVE FÜR BESCHÄFTIGUNG! (Juni 1999) Projektskizze der „Initiative für Beschäftigung!".

INSTITUT FÜR ORGANISATIONSKOMMUNIKATION (IFOK) Analyse; Beschäftigung konkret! Beispiele innovativen Handelns.

KLEVE, HEIKO; www.ibs-networld.de/pm-sozialarbetsbuch-12htm

AUGSTEIN RUDOLF (Hg.) (2000) Kostbarkeit auf dem Müll; In: der Spiegel Nr. 11/ 13.3.2000; S. 290.

www.bmb+f.de

www.ifok.de

www.initiative-fuer-beschaeftigung.de

www.ingramcontent.com/pod-product-compliance
Lightning Source LLC
Chambersburg PA
CBHW022327280326
41932CB00010B/1261

* 9 7 8 3 8 2 8 8 8 3 0 7 9 *